BREVERÍAS URUGUAYAS
Gerardo Mendive
compilador

MENDIVE MICHELINI, Gerardo (compilador) *Breverías uruguayas*, Editorial Ygriega, Madrid, 2025, 240 pp. 148X210 mm.
Papel EAN: 9791387734060 ISBN: 979-13-87734-06-0
Digit. EAN: 9791387734077 ISBN: 979-13-87734-07-7
DL: M-9518-2025 Diseño de cubierta, Grafismo Y

Una vez superados los gastos de producción, los derechos de autor correspondientes a este libro serán donados a *Cáritas*

VENTA EN PAPEL: Los canales habituales de distribución en **España** y el **resto del mundo**. Además, entre otros muchos canales en América:

Argentina * CUSPIDE.COM http://www.cuspide.com/ * MANDRAKE https://www.mandrakelibros.com.ar * OZONUM Mercado Libre - Argentina https://listado.mercadolibre.com.ar/

Brasil * O ATENEUM www.oateneum.com.br

Colombia * LEMOINE EDITORES www.librosyeditores.com * BIBLIOSTORE - Mercado Libre https://listado.mercadolibre.com.co/ * LIBRERIA DE LA U www.libreriadelau.com

Chile * VOY A LEER www.voyaleer.cl / * BIBLIOSELLER CHILE / * BIBLIOSTORE CHILE - MERCADO LIBRE / * EDUCALIBRO

Ecuador * POWER STORE BOOKS www.powerstorebooks.com * THE BOOKS LINK www.thebookslink.com

Méjico * MX BIBLIOSELLER https://mx.biblioseller.com/es/ * BIBLIOSTORE México - Mercado Libre https://www.mercadolibre.com.mx/ * Librerías GANDHI / www.gandhi.com.mx/ * Librerías GONWIL www.gonvill.com.mx / * CADABRA Books www.cadabrabooks.com

Perú *PERÚ BIBLIOSELLER https://pe.biblioseller.com/es/ * ALEPH IBD (Mercado Libre) https://listado.mercadolibre.com.pe/ * Librería SBS https://www.sbs.com.pe

Uruguay * MERCADOLIBROS (Mercado Libre) https://mercadolibros.uy/ * PALACIO DEL LIBRO S.A. www.libreriapocho.com.uy

VENTA DIGITAL: La **Casa del Libro** y otras plataformas.

España, TAGUS BOOKS http://www.tagusbooks.com/ TODOS TUS LIBROS/ CEGAL www.cegal.es AGAPEA FACTORY www.agapea.com **Canarias.** LIBRO TÉCNICO, Librería http://www.ellibrotecnico.com / UNICORNIO, Librería http://www.unicornioweb.com **Colombia**, LIBRERÍA NACIONAL www.librerianacional.com **Méjico**, LA VENTANA, Librería https://laventalibreria.com/ CASA DEL LIBRO, La Casa del Libro México Méjico, EDUCAL, http://www.educal.com.mx/LIBRERÍA DEL SOTANO, SA DE CV www.elsotano.com **Nicaragua**, LITERATO http://www.ebooks-literato.com.ni/

BREVERÍAS URUGUAYAS

Introducción

Desde hace unos cuantos años hemos venido seleccionado citas -que por uno u otro motivo llamaron nuestra atención- en libros, periódicos, revistas... Al no seguir ningún plan deliberado en esta búsqueda, el desorden y la falta de estructura se fueron imponiendo y ello, lejos de desanimarnos, constituyó un motivo de consideración para persistir.

El material reunido procede de diversos autores, corresponde a diferentes momentos y refiere a muy distintas cuestiones porque no nos detuvimos ante las fronteras temáticas.

Al paso del tiempo la recolección de textos fue creciendo hasta llegar a constituir un Almacén de citas, anécdotas y afines, al que acudimos cuando es necesario. Tal como sucedía en los viejos almacenes de barrio, a veces cuesta dar con lo que se rastrea, pero con paciencia y sin prisa nos damos a la tarea, siempre con la esperanza de hallarlo.

Es así como una vez más fuimos al Almacén para elaborar esta compilación de citas que tienen algo en común: se refieren a Uruguay o los autores son uruguayos. Hemos dado con una pluralidad de voces con las que no necesariamente coincidimos- que invitan a reír, a dolerse, a reflexionar… lo cual no es poca cosa.

En el entendido de que toda selección es subjetiva y arbitraria, buscamos a través de pinceladas que vienen de miradas curiosas, especiales, contradictorias, construir un collage de diversos rasgos de lo cotidiano.

No ignoramos que algunos textos fuera de su marco original podrían derivar en una interpretación sesgada; la cita separada de su entorno puede sugerir algo muy diferente a lo que pretendía transmitir su autor.

Hemos optado por presentar los textos ordenados en forma alfabética a partir de la palabra que da entrada a cada cita. En la transcripción se han respetado las formas discursivas, así como la ortografía del original. En algunos casos los fragmentos han sido tomados de fuentes secundarias que los atribuyen a ciertos autores; nos hemos guiado por estos señalamientos. Cuando se lo consideró oportuno, se añadió el año o período al que corresponde el texto.

Esta compilación forma parte de una serie de trabajos similares referentes a Argentina, España y México. No persiguen ninguna utilidad específica y si el lector encuentra alguna, sabremos celebrarlo.

* abarcar

Tener un bote y desear una chalana, tener una chalana y querer un yate, tener un yate y ambicionar un barco de pasajeros, tener un barco de pasajeros y soñar con poseer un acorazado.
Peloduro, J. E. Suárez

* abismos

No hemos solucionado el problema de la fragmentación social del Uruguay. Hemos atendido al fragmento, y algunos desarrollos como la reforma de la salud y la creación de empleo (…) ¿Dónde no hemos avanzado? Por ejemplo en la segregación residencial. Montevideo y otros centros urbanos del país se caracterizaron en los cincuenta y sesenta por la construcción de espacios territoriales urbanos bastante plurales en términos socioeconómicos, lo que produce formas culturales más integradas. Además recordemos que la escuela pública uruguaya recluta territorialmente. Entonces si yo recluto de barrios homogéneos voy a tener una educación pública homogénea en cada escuela pero segregada. (…)

Yo recuerdo que Ruben Katzman, un argentino que fue quien empezó a trabajar en CEPAL Uruguay sobre los temas de integración y marginalidad, contó que cuando llegó a Uruguay fue a la feria y se encuentra con una mujer que estaba de tapado de piel, hablando con la verdulera sobre la maestra de sus hijos, que era la misma. Entonces Ruben dijo: "estoy en el paraíso". Había una imagen idealizada, nunca fue así totalmente, pero había mucho de eso. Los procesos de segregación residencial que caracterizaron las décadas del 80 y el 90 quitaron parte de ese músculo integrador. En definitiva, muchas de las preocupaciones que estamos viviendo hoy como inseguridad o pérdida de componentes que amalgamen a la sociedad, tienen que ver con que los circuitos cotidianos en los que la gente se socializa son muy diferentes y entonces las culturas que se generan son muy distintas.

Fernando Filgueira; entrevista de Roberto López Belloso y Rosario Touriño

* abolengo

[en el Novecientos] sólo se pertenecía a la *"gente bien"* (...) si a los dos apellidos "conocidos" se sumaban la distinción de las maneras y la firmeza con que se excluía a los "guisos", los vulgares.

José Pedro Barrán

* abrigar

En lengua castellana decimos, cuando se nos ocurre que tenemos esperanzas: abrigamos esperanzas. Linda expresión, lindo desafío: abrigarla, para que ella no se nos muera de frío en estas implacables intemperies de los tiempos que corren.

Eduardo Galeano

* absurdo

Era un adelante al que se iba como a un atrás (...)

Juan José Morosoli; citado por Elvio E. Gandolfo

* acelerados

Entre las muchas intoxicaciones que padecemos nosotros, los modernos, se ha señalado una de la que deseamos hoy hablar. Es lo que se ha denominado *intoxicación por la prisa.* (…)

Nuestra conciencia ha perdido el uso y goce del tiempo libre; el goce de interrumpirse en plena vigilia; con una detención que, semejante a la del sueño, actúa como un descanso. (…) la sensación del presente [ha ido] absorbiendo toda nuestra conciencia. En esos momentos solemos decir que nos olvidamos de todo; o que no deseamos pensar en nada. Para representarnos dicho momento elegimos la imagen de la persona que está tendida sobre la arena mirando el mar; o bajo los árboles, junto a un río; o en medio de una huerta escuchando los susurros del aire o de una abeja. Lo más importante y lo más útil es que en esos perezosos momentos los elementos más delicados de nuestra vida se refrescan y se reconfortan. Y sentimos aflorar en nosotros, la presencia de esos preciosos silencios interiores, que circundan con su totalidad cada cosa o cada sensación que, en ese momento, vemos o experimentamos. A cada una de ellas pareciera que le hemos concedido todo el tiempo o duración de nuestra vida, y la infinitud del espacio.

Y nosotros tenemos, entonces, la certeza de que esta lentitud constituye la verdadera unidad de medida, la calma propia que necesitan las cosas, para ser vistas; y nosotros para sentirlas. De esta manera pues que estos minutos de tiempo libre, aparentemente no son nada y, sin embargo, lo son todo. Porque en ellos, el espíritu, en su totalidad, se hace presente.

Borrad estos minutos... y (...) sólo nos resta la
sucesión furiosa de los deseos; las ocupaciones
encadenadas; las angustias que parecen quisieran
devorar también nuestro porvenir; los recuerdos, como
culpas, usurpando un presente que mil premuras y
azares convierten en permanente torbellino.
Domingo Luis Bordoli, 1961; citado por Carlos Real de
Azúa

* acercamiento
La actitud beligerante, hasta cierto punto recíproca, entre criollos e inmigrantes no duró mucho. Los margi-
nales de los dos mundos comenzaron a dialogar, a en-
tenderse. Las mujeres fueron, como siempre, el puente
mágico. El amor se burló una vez más de los cerrajeros
del prejuicio y el etnocentrismo. (...) Los gringos se
fueron acriollando y los criollos se agringaron.
Daniel Vidart

* aclaración
La Iglesia no bautiza la miseria y reclama justicia social.
Mons. Carlos Parteli; citado por Julio César Romero
Magliocca

* acomodados
(...) los oportunistas de siempre (...) Los que yo llamo
"los caracoles", porque se arrastran para llegar a la cima.
Y porque además son babosos.
Josefina Grela de Fernández Crespo; citado por César
di Candia

* acomodar

¿Usted sabe que yo nunca encontré razones para oponer una cosa a la otra [localismo y universalidad]? Nunca creí que lo local estuviese reñido con lo universal. Y me acordaba, como ejemplo, de aquello: "En un lugar de la Mancha de cuyo nombre no quiero acordarme..." Bueno, más chiquito imposible. Y más universal que eso, que venga Dios y lo diga.
Julio C. da Rosa; entrevista de Jorge Ruffinelli

* acompañante

Todo fue para mí, siempre, en cualquier terreno, un problema de conciencia. (...) En varios terrenos, le faltaba el respeto, me reía de ella y sus dictados. Era conservadora, escrupulosa, temerosa. Yo, liberal, arremetedor, sin miedo aparente. Nos dormíamos en largas discusiones que tenían el techo por único juez y, al otro día, lograba esquivarla hasta la noche. Pero cuando terminaba de rezar, con el último cigarrillo, venía en puntas de pie y empezaba a pincharme, con sus acusaciones de toda la vida. Era algo estúpida, no caben dudas. "¿Por qué tirás la ceniza en el piso? Total, mañana limpia tu tía, ¿no?" Pero ese era el comienzo.
Víctor Hugo Morales

* acordar

(...) en un país donde "tierra adentro", "afuera" e "interior" son sinónimos, donde el centro de la capital está en la punta de su península y donde hay una

esquina de Obligado y Libertad, es fácil con las palabras ponerse de acuerdo...
Isidro Más de Ayala

* acostumbrado
Baqueano- Que a pesar de andar todo el día a caballo no le duele.
Daniel Scheck

* acostumbramiento
Se les encallece el lomo. Después de unos cuantos años de contemplar monstruosidades se familiarizan con ellas, las sonríen y las acompañan. Si una infamia ha durado lo suficiente la llaman ley natural.
Rafael Barrett, 1918

* acotación
Leyó en el diario el anuncio: *"Remate de solares. Pavimento, luz, agua, y a quince minutos del centro"*. ¡¡Juá, juá!! A quince minutos en avión a chorro.
Roberto Barry

* actualizada
Después de recorrer todo Montevideo, que está que no se puede de moderno, con un olor a portland que voltea (...)
Mónica, Elina Berro, 1966

* acuciante
Sí, como te digo, casi todas las cosas malas que hace un hombre, sí, no se deben tanto a él como a las

circunstancias, al ambiente. Y esto bien se sabía en la gauchería, heredera directa de muchas concepciones populares del medioevo. Por eso, esto hace que yo vuelva a insistir en la urgencia por cambiar esta sociedad. Es tal la urgencia, que no debe de ninguna manera dar motivo a discusiones -ya no bizantinas; a llanas discusiones- sobre cómo va a ser otra sociedad. Lo urgente es cambiar ésta, y para ello (…) es necesario que nadie explote a nadie, que la gente viva sin que le impidan llenar bien su plato, sin que le perturben el sueño: el de que, a veces desde la cuna, lo empujen a no ser puro, a no ser lo que es.

Paco Espínola; entrevista de Jorge Ruffinelli

* acusación

Aunque desde el siglo pasado se viene hablando [en Hispanoamérica] de democracia, respeto a la ley y a la constitución, libertad de prensa, esos términos no se encuentran realizados sino muy excepcionalmente. La política se ha transformado en un medio de vida, y la corrupción da lugar al nacimiento de grandes fortunas. El interés personal viene acompañado casi siempre de la falta de visión de los dirigentes, demasiado ligados a las oligarquías locales y a intereses extranjeros, siendo incapaces de planificar por plazos largos, de solucionar los problemas económicos y sociales más candentes. La concepción oligárquica del poder exige beneficiarse con el mismo. La burocracia resulta tan numerosa como lenta e ineficaz. El fragmentarismo político, la existencia de un poder militar desmesurado, los intereses financieros internacionales y una desacertada tutela de

los Estados Unidos han comprometido las posibilidades de arreglar ese orden de cosas.
Gustavo Beyhaut, 1956; citado por Carlos Real de Azúa

* adaptable
Posee el italiano un indudable camaleonismo cultural, una gran facilidad para adaptarse a la circunstancia física y humana que lo rodea. (…) Este deliberado deseo de convertirse en uruguayos o argentinos forja entre los italianos del siglo XIX un arquetipo gracioso y memorable: el cocoliche.
Daniel Vidart

* adaptaciones
(…) si uno mira hacia atrás se da cuenta que el discurso de la izquierda uruguaya ha experimentado cambios sustanciales en los últimos veinte años. ¿Quién habla de reforma agraria en el Uruguay de hoy? ¿Y acaso esa no era una bandera de la izquierda uruguaya hace algunos años? (…)
A veces se cambia el discurso porque antes cambió la forma en que se percibe la realidad. Y a veces, y hay que decirlo, se mantiene o se cambia un discurso, se levantan o se bajan banderas, en función de lo cerca o lejos que uno se encuentre del ejercicio real del gobierno. (…) Está claro que no es lo mismo para un político decir lo que va a hacer cuando es oposición y la posibilidad de alcanzar el poder es remota, que cuando está cerca de alcanzar el gobierno o ya lo ha logrado. (…)

Porque el político que sabe que no llegará al gobierno puede prometer cosas o levantar banderas con total impunidad. Y porque el que sabe que puede ganar, sabe también que si gana va a tener que aprender a convivir con los límites que pone siempre la realidad. Y entonces se mide más, se cuida más, es más prudente. Y entonces, si uno analiza en el tiempo un discurso de un dirigente o de un partido, puede percibir diferencias importantes entre lo que esa persona o grupo político decían cuando eran oposición y sabían que no llegarían al gobierno, y lo que dicen ahora que están cerca de ganar o ya ganaron.
Agustín Canzani, 2004; entrevista de Álvaro Amoretti

* adelantado
Tengo mis sospechas de que ha de llegar un día en que se invente el sostenedor de imágenes de cine. Entonces, cada espectador podrá irse a la hora que quiera dejando su imagen preferida clavada en la pantalla (…) para venir a revivirla al día siguiente o cuando se le ocurra.
Alfredo Mario Ferreiro, 1930; citado por Pablo Rocca

* adustos
¡Pucha, es que somos una manga'e bárbaros! Reservaos, secos con la mujer, con los hijos. Nos da como una vergüenza cuando sentimos que vamos a ser blandos… ¿no halla? A lo mejor se creen que no los queremos. Siempre con sequedá, sin mostrarles los dientes nunca.
Paco Espínola

* afecciones
(...) la arterioesclerosis del alma parece ser más rápida
que la del cuerpo, ¿no?
Mario Arregui; entrevista de Jorge Ruffinelli

* afición
El Uruguay (...) a veces inventa peculiaridades que en
verdad no lo son (...)
Gerardo Caetano; citado por Álvaro Amoretti

* afinidades
Yo me explico la afición por las flores como me
explico la afición por los pájaros, que son también
flores sueltas con alas y con música (...)
Sansón Carrasco, Daniel Muñoz

* agradecido
Gracias a Dios no todos los aduaneros son corruptos.
Pablo Illarietti, Director Nacional de Aduanas, 1998;
citado por Álvaro Amoretti

* aguardar
(...) desde (...) la tercera década del siglo [XX] (...) los
uruguayos nos acostumbramos a la idea francesa de
que el Estado era una institución infrahumana que
funcionaba con recursos probablemente exosféricos y
que, por lo demás, estaba obligado a solucionarnos
todas las papeletas. (...) nos acostumbramos a
esperarlo todo de un aparato ejecutivo y legislativo al
que no aportábamos casi nada. El "todo" para un
uruguayo típico sería quizá el título universitario, el

puesto público y, por último, la jubilación y el viaje a
París (…) Pero la población ha seguido creciendo sin
que lo hicieran a la par las siempre discretas riquezas
del país (…)
Gratis nos hemos acostumbrado a obtener -o a tratar
de obtener- muchas cosas en el orden de la cultura. El
que se nos dicten conferencias; el que los músicos
nuestros nos regalen entradas para sus conciertos
organizados muchas veces con sangriento esfuerzo; el
que los escritores hagan lo propio con los libros que
publican pagándose penosamente la impresión. El
Estado le paga al Uruguay una compañía de teatro
cuyos actores, directores y técnicos no podrían vivir si
fueran a repartirse lo que el precio absurdamente bajo
de las localidades les dejara. (…) Otra vez aquí actores
y espectadores rinden tributo a la fantástica noción
uruguaya de que la cultura debe ser gratuita. Siempre
que los artistas y los educadores sigan dando su sangre,
o siempre que los subvencione el Estado, la cosa
marchará. Pero la subvención del Estado quiere decir
que el arte o la cultura han de ponerse bajo la égida de
la política. Como la vida de todos los habitantes del
país. (…)
Después de alcanzar un pináculo institucional,
legislativo y socializante, el Uruguay se puso, como era
natural, a soñar con nacer jubilado (…)
Arturo R. Despouey, 1959; citado por Carlos Real de
Azúa

* aislados
(…) la alta burguesía vive una vida de invernadero

social, cultivando modas, gustos, ideas y hábitos de figurín. Por eso los caracteres nacionales influyen en la medida que los individuos están expuestos a la intemperie popular. Mucha vida de calle, de café, de club político, de asamblea pública, dan a los hombres rasgos nacionales, por contagio y adaptación. Por el contrario la vida de salón, de ateneo, de club mundano, de hipódromo, de hotel, cultiva en el sujeto un euro-peísmo radical.
Alberto Zum Felde; citado por Ana Ribeiro

* alegoría
(…) "parar la olla" -expresión que quizás provenga del hecho de que las cacerolas se colgaban de las paredes de la cocina- (…)
Gustavo Lafferranderie

* alejados
(…) el socialismo padece un aturdimiento incurable. Se llama "realista" y no le falta más que el sentido de la realidad. Ni por asomo conoce al hombre. Profesa un optimismo malo, fácil, y lo elabora mal.
Carlos Benvenuto, 1919; citado por Carlos Real de Azúa

* ambiente
Montevideo era una ciudad, pero también un estado de ánimo, una forma de vivir en paz fuera del convulso centro del mundo, un ritmo antiguo en pies descalzos.
Enrique Vila-Matas

* amigables
(...) como los paisanos cuando alcanzan un mate á algún forastero: -¡Sírvase... con confianza!
Samuel Blixen, 1887

* amistad
La gente siente gran cariño por los perros, porque el perro es el mejor amigo del hombre. Nos defiende, nos acompaña en los momentos más amargos, más dichosos, y además, es el único amigo que jamás nos pide cien pesos prestados, ni el auto, ni el traje. En suma: un amigazo.
Roberto Barry

* ampliación
La historia es también la historia de lo que no fue.
José Pedro Barrán; citado por Daniel Gil

* análisis
En el mundo un obrero calificado produce cien; acá produce treinta. Así no competimos con nadie. Absolutamente. La única que puede mantener la competencia es la vaca. Pero el hombre... no creo que tengamos futuro en ese sentido. Realmente no. El mundo se ha tecnificado mucho, y si no nos tecnificamos y elevamos la producción de lo que sea, no tenemos chance alguna. Afuera la gente se tecnifica, y además le mete esfuerzo en la producción. Acá no lo veo. Me preocupa el futuro del país.
(...) este país ha tenido muchos méritos en muchos campos, y sería una lástima que por esa desidia, por esa

negligencia, por esa auto atribución de derechos que no tienen —porque el derecho que va contra el otro no es un derecho, es una agresión— se comprometa el futuro del país.
Benjamín Nahum; citado por László Erdélyi

* anhelo
Soy partidario de la justicia. Lo justo está por encima de lo legal, y quedarse todavía por debajo de lo legal es el colmo de lo injusto. La ley es el purgatorio humano. Evadámonos de ella hacia el paraíso, no hacia el infierno.
Rafael Barrett, 1918

* anónimos
La configuración de un país no se forja sólo con los hechos gloriosos de los seres singulares que destacan su perfil sobre los demás, sino también en los seres pequeños, a veces grises, muchas veces inconscientes del capital valioso que guardan en sí.
Julio Dodera

* antagónicas
La "santa viejecita" se entronizó en el tango y ya no hubo modo de sacarla ("Perdón viejita", "A mi madre", "Pobre vieja", "Madre hay una sola", "Hacélo por la vieja"). Durante mucho tiempo, la vieja fue uno de los ingredientes imprescindibles cuando se escribían letras según receta. Mencionarla acentuaba el contraste sensiblero entre la muchacha descarriada que tomaba copetines en el "Julien" y una vieja que
"lava toda la semana

pa poder tender la mesa
con pobreza franciscana
en el triste conventillo
alumbrado a querosén".
Daniel Vidart

* anticiparse
Se tiene miedo de que a uno lo tomen por bobo y por
eso se estudia al otro, se le busca un flanco débil y se le
hace caer en ridículo. En el fondo la cachada es una
venganza. (…) En los barrios, esta forma del desahogo
inconsciente se da unida casi siempre con la
guarangada. Pero más arriba de la escala cultural, las
cosas se visten de elegancia y así se escriben artículos
irónicos, reticentes, falsarios, mediante los cuales se
revienta a otro mientras el autor escabulle el bulto de su
propia responsabilidad.
Carlos Maggi; citado por Carlos Real de Azúa

* antivacunas
Cuando en nombre de los naturistas del Uruguay, yo
pedía hace largos años al Parlamento Nacional la
exención de la obligación de vacunarse, alegando que
los naturistas creíamos que nuestro sistema de vida nos
confería condiciones de inmunidad natural, capaces de
sustituir con ventaja a la inmunidad artificial que se
desea desarrollar mediante dicho método (…)
Fernando Carbonell, 1927

* añoranza
Pero yo sé que la lámpara que Celina encendía aquellas

noches, no es la misma que ahora se enciende en el recuerdo.
Felisberto Hernández

* apariencia
Hay cosas que parecen lo que no son y otras que son lo que no parecen.
José Irureta Goyena; citado por Carlos Real de Azúa

* apartado
Chaná. Tribu de indios que habitaban el delta del Paraná y que fueron declarados fuera de concurso por el Jurado de Carros Alegóricos.
Peloduro

* apodos
Dicen los entendidos que aquellos seres o cosas con los que hacemos relación más frecuente, son los que llegan a tener mayor número de nombres para señalárseles.
(...) El sofá, que no es un mueble de confianza —no estando de novio, de visita o esperando al dentista, por lo general se le pasa de largo- es, sólo *el sofá* para todo el mundo. (...)
Con la cabeza, empero, se desmiente esa como regla, porque es la parte del cuerpo que menos domesticada tiene el tipo y, sin embargo, es a la que más apodos se le han puesto: *coco, azotea, melón, cocorota, sesera, bóveda, croqueta, mate, altillo* y *cucusa.*
Wimpi, Arthur García Núñez

* aporteñarse
(…) nadie más porteño que el uruguayo que se viene a Buenos Aires.
Florencio Escardó

* aprendido
Soterradamente una lección del libro de lectura infantil ha pesado sobre la cultura uruguaya. Decía aquel texto de Abadie-Zarrilli, sin sospechar que adelantaba una interpretación simbólica de la nación: "Mis zapatos tienen la suela vieja. No voy al patio, así no me mojo los pies. Me siento junto a la mesa y estudio. La lluvia me da sueño. ¡Qué linda siesta si no viene nadie!" Lamentablemente, para los practicantes de esta siesta provinciana, alguien vino, y la voraz crisis en que nos estamos moviendo parecería bocetear el rostro de una "anciana dama" inquietante. Bienvenida sea.
Ángel Rama, 1965

* aprendizajes
Claro, al tipo cuando quieren enseñarlo, le enseñan las cosas de tal modo que luego, él, de acuerdo con eso cree que sólo se puede ser dueño de una rosa cortándola del rosal y poniéndola en el florero, que sólo se puede ser dueño de un pájaro cazándolo con una trampa y metiéndolo en la jaula.
Wimpi

* apresurados
Hay gente que cuano que llega a determinada edá ya se sienta como a esperar la Muerte y con eso echa a

perder todo los año que vienen de yapa una vé que
doblaron l' asquina'e lo cincuenta. Esa gente no se da
cuenta que la Muerte no es puntuala y viene cuando
que eya quiere.
El Pulga, J. E. Suárez

* apropiación
(...) el despoblado cuerpo de la Argentina y Uruguay,
repartido como un botín entre los estancieros,
representantes de lo que Sarmiento llamara la
"oligarquía de la bosta".
Daniel Vidart

* aquerenciado
En Montevideo me siento tan en casa: Uruguay es Argentina sin delirios de grandeza; o sea, no es Argentina
—por eso, supongo, me siento como en casa—.
Martín Caparrós

* arbitrariedad
El viejo Einstein proclamó que todo es relativo y se
hizo famoso. Mi tía Eduviges, que se pasó la vida
diciendo lo mismo, murió pobre y olvidada y nadie le
llevó el apunte. Una injusticia, si señor.
Omar Prego Gadea

* argumentos
-Pero del teatro nunca vas a poder vivir.
-Pero sin el teatro nunca voy a poder vivir.
diálogo de Poro Capurro y China Zorrilla; citado por
Diego Fischer

* aritmética

Los números no mienten. Pero los mentirosos hacen números.
Juan Pedro Damiani; citado por Álvaro Amoretti

* armonía

Tienen *swing* las calles arboladas de Montevideo, esas que juntan las copas allá arriba formando una bóveda a través de la cual filtra la luz mágicamente.
Hugo Alfaro; citado por Ana Ribeiro

* aroma

(…) el humo apetitoso que levanta un asado (…) recuerda en el aire los ademanes grandiosos de nuestro himno y en el olfato nos hace evocar la buena vaca del escudo.
Carlos Maggi

* artimaña

"Tongo" era, precisamente, el hecho de arreglar la partida [en carreras] de (…) caballos de manera de otorgar ventaja a alguno de ellos. Pero el término designó luego también a cualquier tipo de trampa o componenda inescrupulosa.
Gustavo Lafferranderie

* asociación

Orto- Dícese de la salida del sol por el horizonte. Ver la salida del sol significa madrugar, y al que madruga Dios lo ayuda, y si Dios lo ayuda va a tener suerte o sea la palabra que nos concita.
Daniel Scheck

* asuetos

El que inventó el fin de semana largo, estuvo bárbaro. Pero además, y tal vez sin proponérselo porque estas cosas suelen a pasar, inventó la semana corta. (…) Yo juraría que los viejos luchadores que dieron su sangre por nuestra independencia, jamás soñaron que aquellos triunfos devendrían en semejantes beneficios.

La Patria, eternamente agradecida. Aunque, visto desde el punto de vista práctico, y con respecto al posible alargamiento o suma de los días de descanso, digamos que bien pudieron librar alguna batalla más, conquistar algunos otros laureles que hoy nos permitieran usufructuar de un número mayor de largos fines de semana. Pudieron, incluso, de haber imaginado la repercusión que habrían de tener aquellas fechas en el futuro de los orientales, haber planificado las campañas guerreras, haber programado las batallas de tal forma que al finalizarlas exitosamente se encontraran en plena temporada primavera-verano.

Y al decir batallas incluimos cabildos, congresos, declaraciones y juramentos que hayan merecido convertir la fecha en un feriado.

Juceca, Julio César Castro

* aterrizaje

[Estando en el exilio idealizaba el regreso]. Decía "Aquellos inviernitos, aquel solcito". Y cuando volví… la sudestada, el pampero, la mezcla de humedad y viento frío unidos a la falta de calefacción. La vuelta fue dura en ese aspecto. Aunque sólo en ese aspecto.

Daniel Viglietti; entrevista de María Esther Gilio

* atrevimiento
(...) llamar presidente de Uruguay al militar que ostente
el cargo no pasa de una mera reducción abusiva.
Manuel Flores Mora, 1984

* ausencia
Yo pasé mucho tiempo sin volver. Mucha gente se fue
y otra murió. Es triste volver a un lugar y preguntar por
gente que no está. Es como si ya uno no perteneciera
a ellos. Saber que las cosas suceden sin uno o encontrar
que han crecido, envejecido o cambiado sin estar uno
en la mudanza.
Ruben Lena

* autopercepción
En América Latina, pocos países tienen como Uruguay,
un pasado cercano -relativamente cercano- y
venturoso, relativamente venturoso. Durante los
primeros veinticinco años del siglo gozamos de
estabilidad, de un nivel de vida superior al de otras
naciones del continente, de un desarrollo compara-
tivamente superior al de éstas, en las letras y las artes, la
instrucción, la salud pública y las prácticas políticas.
Creíamos haber alcanzado una especie de jefatura
espiritual, un puesto de vanguardia. Creíamos que
buena parte de la restante América era el caos y el
atraso. A esa convicción -trasfondo de nuestra
individualidad- contribuían a darle vigor, otras
condicionantes que no han perdido, por cierto,
totalmente vigencia: la uniformidad racial, el clima
templado, el desarrollo y consolidación de una clase

media, la formación histórica, las características de nuestra producción. La carne y la lana satisfacen necesidades primarias.
Carlos Quijano, 1965

* autorreferenciales
Como somos una vasta clase media apiñada en la capital (funcionarios, exfuncionarios y candidatos a funcionarios), todos estamos cortados por la misma tijera, y desde Pocitos al Cerro nos creemos los únicos orientales posibles.
Hugo Alfaro

* avisados
En un horizonte de 25 años la producción de productos primarios será invendible, absolutamente marginal. (...) El país tiene una condena, tiene el tic tac del reloj marchando. (...) Tenemos que optar por cuáles son los sectores hacia donde nos vamos a dirigir, porque en 25 años podemos tener una gran sorpresa. Debemos concentrar los recursos escasos en la biotecnología, el software y el entretenimiento.
Juan Grompone, 2003; citado por Gabriel Papa

* aviso
Los uruguayos son muy humildes pero si no se lo dices, todo puede acabar muy mal.
autor desconocido

* avivado
El Flaco y yo, en el boliche. Al rato cayó El Troley

preguntando quién pagaba la vuelta, como siempre (de ahí el apodo, porque chupa de arriba).
Juan Tarugo, Amado Canobra

* baluarte
Si el hombre no se salva con la cultura no se salva con nada.
Clemente Estable, 1947; citado por Carlos Real de Azúa

* bandidos
Somos demasiado civilizados para que rija en todo su vigor la ley de la selva, pero su provisional sucedáneo es lo que Carlos Real de Azúa ha dado en llamar la "avidez cachafaz".
Mario Benedetti

* barbaridad
Descompostura. Condición que establece una diferencia fundamental entre el hombre y la máquina. Ej.: Cuando un automóvil se descompone, se detiene; en cambio, cuando un hombre se descompone, corre.
Peloduro

* barra
El bebedor sabe que habrá de surgir, en un momento cualquiera y no localizable, ese estado en que su espíritu goza de una suerte de presente absoluto; de la sensación de vivir en estado puro, al margen de toda posible relación. (…) Y en ese descanso el bebedor se renueva. El alcohol lo ha retrotraído al nacimiento de su propio carácter. Tiene precariamente el estado de alma de un poeta. ¿Qué buen bebedor no experimenta

y comunica a su vecino, que siente en él el goce de un puro hecho? El hecho de vivir. (...) Claro está que el bebedor puede hablar hasta por los codos. Pero por todas sus palabras -que son nada más que metáforas- vosotros veis que está buscando siempre algo, que es lo mismo: representarse su vida en las condiciones libres de su propia euforia. Observad como va derribando toda clase de obstáculos... Su tiempo libre es su alma, libre. Nosotros creemos que a la salida de los empleos, los mostradores pletóricos de los bares, renuevan la cantidad y, sobre todo, la *calidad del tiempo libre*, sin el cual no es posible que un corazón humano sobreviva. En la copa del bar, con un amigo, el funcionario siente que ha dejado de ser un engranaje y una repetición. Allí reconforta las presunciones de su esperanza; el espectáculo de una vida que quiere, en sí misma, ser más vida; y los cenicientos fuegos de su alegría. El tiempo libre puede ser esta euforia. Por supuesto, omitimos todas las trampas y calamidades que hay en toda manera artificial de llegar al fondo de uno mismo. Y bien sabemos que estos caminos de la dicha suelen ser simultáneos caminos de las Furias.
Domingo Luis Bordoli; citado por Carlos Real de Azúa

* base
Las instituciones no serán nada, si no reformamos al hombre. La valoración del hombre será -cualesquiera sean los eclipses-, el asiento necesario de toda cultura y toda experiencia social.
Dardo Regules

* beneficio
(…) lo bueno que tiene lo inútil es que no sirve para nada.
Juceca

* biógrafo
Y ¿qué es *dar biógrafo*? Existen personas tan carentes de imaginación que cuando se les ofrece un solar frente al mar, un terreno de gran porvenir o un auto a un precio regalado, tales pichinchas no les significan nada y las escuchan sin emoción. Entonces quien las hace debe darles biógrafo, esto es, hacerle pasar con el más colorido cinemascope ventajas, virtudes excepcionales y superlativas del objeto u oferta. (…) Pero dar biógrafo tiene otra acepción. Cuando a una persona se le debe entretener para dilatar un asunto, se le pide a un colaborador que le dé biógrafo. Entonces un relato con emoción cumple la finalidad. En uno y en otro caso, dar biógrafo es seducir, retener o encantar a alguien con los mismos métodos que usa el celuloide: un episodio que toque su emoción y le interese.
Isidro Más de Ayala

* blindado
El tiempo y la distancia jamás fueron capaces de desfigurarnos ningún afecto.
Julio C. da Rosa

* bolicheros
Eran épocas de un bar en cada esquina, lo que llevó al

inefable Peloduro a decir: "¿qué esquina es esta que no tiene un boliche?"
Jorge Castillo

* boliches
En los boliches se conocen los seres más extraordinarios. Yo siempre digo que en los mostradores es todo empate. Ahí nos codeamos los médicos con los albañiles, con los jubilados, con los que están en el seguro de paro y con los peones de campo. Nadie lleva ventaja a nadie. Años de vida he pasado allí, aprendiendo y aprendiendo. (...)
A mí me gusta con locura conocer la gente y no hay mejor lugar para eso que los boliches. Ahí aprendés a apreciar al melancólico, al ambicioso, al bueno, al manso, al de mal corazón, siempre en un marco de un fantástico respeto mutuo, de una gran nivelación social. Mi viejo también era un tipo de boliche y a veces tomaba algunas de más, pero no conocí hombre mejor. No hay que juzgar a la ligera el mundo ese. Allí se pueden encontrar los locos, los soñadores, los luchadores... ¿Quiénes impulsan las cosas de este mundo sino los locos? ¿Quiénes las llevan a cabo sino los luchadores? En definitiva, el boliche también es el refugio de las tensiones cotidianas.
Santiago Chalar

* bonanza
Se ha dicho respecto de nosotros que "en el principio fueron las vacas": antes estuvo la abundancia, luego vino el hombre. Hernandarias fue ya el introductor de

nuestra "cibernética natural", la ganadería, en circunstancias absolutamente excepcionales en la historia universal. No tengo noticia de vaquería semejante. (…) De tal modo, la facilidad de la renta diferencial ha generado un aflojamiento general de la vida del país, ha consolidado una mentalidad de comensales, ha hecho privar, diríamos, el "principio de placer" sobre el "principio de realidad" sin penosos caminos indirectos (acumulación de capital, objetivación de trabajo humano no consumido y apto para la producción). Sin la dureza ni las hambrunas de las viejas culturas agropecuarias, sin la implacable acumulación primitiva del capital técnico-industrial, sea bajo el modo liberal o socialista, teníamos como una aptitud innata para asimilar rápidamente las pautas de alto consumo que iban alcanzando las grandes naciones industriales. Recibíamos las pautas, pero sin su contracara, sin la técnica, la racionalidad de la economía y empresas modernas. Recogíamos el fruto, sin tener el árbol y su savia. Era la paradoja de un desarrollo desigual que beneficiaba al más atrasado, pero esto no iba a ser permanente, y a la postre quedaríamos en lo que éramos, consumidores sin base productiva a la altura de los tiempos.

Las circunstancias excepcionales de nuestra renta diferencial han generado tanto las virtudes afables, como los vicios dilapidadores e imprevisores del país.

Alberto Methol Ferré

* brecha

(…) hay un consenso de que la masa de investigadores

deberá al menos multiplicarse por tres para 2020, lo que resulta un desafío mayor e implicará una política estatal potente, decidida y estable. Hoy se calcula que alrededor del 0.6 % del PBI se destina en Uruguay a actividades de investigación y desarrollo, mientras que un objetivo promedio a nivel internacional está en el entorno del 3 %.
Rafael Radi, 2010

* burocracia
En la oficina pública se empoza el alma hasta quedarse inmóvil. (…) Durante años uno se va mateando el horario, hasta que sin darse cuenta le ofrecen el mate definitivo: la jubilación. (…)
Y una manera de ser. Es esa dosis de funcionario público que todos tenemos (...) Esa costumbre de matear sin prisa, esa idea fija de la jubilación, ese dejar de trabajar para armar un cigarrito... En nuestra década de oro, más o menos desde 1915 a 1925, se acuñó nuestra forma de ser.
Carlos Maggi

* buscándonos
El *tema nacional*, por fin, la entidad de "lo uruguayo". Puede ser acometido desde los variados ángulos de las ciencias, de la historia, de la sociología, de la antropología cultural. (…) Se trata de saber qué es el país. Cuál es nuestra *consistencia* como nación. Cuáles sus cualidades y sus defectos, sus ventajas y sus lastres. Cuál es la razón y los antecedentes de su extrema singularidad política. Qué rostro dibuja su previsible

destino. Qué entidad tienen las fuerzas: económicas, políticas, sociales que lo dirigen. Cuáles son sus estructuras y qué firmeza poseen. Cuáles son sus diferencias con otras comunidades vecinas y otras más lejanas: hasta dónde puede hablarse de una "personalidad nacional" diferente (aún de una pretensiosa, mistificada "uruguayidad"). Se quiere, también, más modestamente, despejar el interrogante de si hay una psicología colectiva, "nacional", un repertorio de rasgos, de modos que los uruguayos, mayoritariamente, compartan. Cuáles son los objetos, las prácticas, las rutinas, los ideales, las devociones que permitan inferirla. (¿El mate? ¿el tango? ¿Carlos Gardel? ¿la quiniela? ¿la jubilación temprana? ¿el fútbol? ¿el cinismo cívico? ¿el conformismo manso y ventajero?).
Carlos Real de Azúa, 1964

* cachada

Existen varias formas de reírse como diversión. El francés utiliza el sutil matiz de una expresión intelectual. El inglés, un frío concepto objetivo donde se espera una explosión sentimental. El humor del portugués es en cierto grado doloroso porque lo hace sobre sí mismo. El italiano lo hace sobre toda una colectividad en la que él mismo está comprendido, como puede verse en su cine neorrealista. En el Río de la Plata tiene una modalidad muy particular que ha llegado a crear un género: la *cachada*, esto es, la burla del prójimo, la befa sobre el semejante, el goce y la fruición en vivisecar a otro. En el atardecer de un domingo, en que un caballo favorito sea vencido o un equipo invicto o campeón haya sido derrotado, escuchad las radios locales y tendréis la expresión más basta de lo que es nuestra cachada. En el reciente clásico del fútbol, que terminó con un empate, oímos detrás nuestro en el Estadio:

—¡No pueden quedar 3 a 3! Entonces, ¿quién cacha a quién?

Isidro Más de Ayala

* calculistas

Recuerdo que hace unos años, cuando leía como se iba a realizar la obra de Salto Grande, la empresa constructora calculaba hasta la cantidad de muertes que iban a ocurrir durante el trabajo. Así, como se hace un proyecto y se calcula un costo, hay proyectos humanos

que implican la pobreza calculada de tantos millones de hombres.
padre Cacho; citado por Julio César Romero Magliocca

* caminantes
(...) somos lo que somos y a la vez somos lo que hacemos para cambiar lo que somos. Como decía Paulo Freire, el educador que murió aprendiendo: *Somos andando.*
Eduardo Galeano

* campaña
(...) En este contexto nació el Uruguay Batllista. La propaganda electoral de 1910 es significativa. Un mural escrito por el poeta y bohemio, anarco-batllista, Laso de la Vega, es como el compendio de la situación. Empieza dirigiéndose contra los "1.000 vacunos" (los terratenientes) que "poseen las 2/3 partes de las tierras del país" y tienen a sus trabajadores, escasos, en condiciones "inferiores a los novillos que mandan a los Frigoríficos". Subraya con énfasis que "en los últimos 10 años la tierra y la hacienda ha triplicado su valor", sin beneficio para el pueblo, y termina exhortando: "Proletarios, hombres libres de la ciudad... meditad".
Alberto Methol Ferré

* candidez
Felizmente en el país no se han vivido nada más que episodios puntuales (de corrupción). Y la mayoría son fenómenos que pueden afectar leyes, pero no la moral.
Julio María Sanguinetti, 2003; citado por Álvaro Amoretti

* cantegriles
(...) Además ya estaban los pueblos de ratas en Montevideo, que no se llamaban cantegriles sino "pueblos de ratas" también aquí en la ciudad, y que, a propósito, se empezaron a llamar cantegriles a raíz de una foto que sacó el gallego González y que publicó *El Popular*: yo había ido con el gallego a sacar fotos a Punta del Este, para retratar a la "burguesía", ¿no? y cuando volvíamos, el gallego sacó una foto en uno de esos rancheríos que tenía un cartel que decía: "Cantegril Cuntry Club". La foto se publicó y ahí se empezó a usar el nombre...
Mauricio Rosencof; citado por Fernando Butazzoni

* capital
Es grande Montevideo para recorrerlo en chancletas. Dicho regional que expresa el asombro del hombre del interior por la gran ciudad.
Ildefonso Pereda Valdés

* características
Eduardo Galeano dice que los "uruguayos, melancólicos, quedados, (...) a primera vista parecemos argentinos con valium (...)". También dice que "somos anarquistas conservadores: no nos gusta que nos manden y nos cuesta mucho cambiar".
nota de prensa

* característico
Recuerdo libros uruguayos, y también algunas películas, donde la burocracia es elevada a categoría perceptiva.

La atención a la lentitud, al profundo misterio de la
ineficacia, parece ser algo muy montevideano.
Andrés Neuman

* caracterización
No he consentido jamás patrón, y por esto jamás lo he
tenido; he referido por esto vivir como *artista bohemio*, así
como vulgarmente lo nombra la incomprensión (...)
Hacer trabajar a los otros, eso nunca; yo siempre me lo
he hecho todo. (...) Revolucionario en arte siempre he
sido. Soy libre en el pensamiento porque no pertenezco
a ninguna religión dogmática. (...) Detesto al hombre
centro, pues en esto está todo el origen del mal.
Joaquín Torres García, 1944; citado por Carlos Real de
Azúa

* caradura
(...) se denomina *cara dura* aquel sujeto que está
viviendo estados de ánimo que no se traducen fisionó-
micamente. Cumple actos de osadía, audacia y teme-
ridad, y no se le mueve un músculo del rostro. Está al
borde del miedo, el fracaso, el escándalo, la bancarrota,
y su cara prosigue apacible, indiferente como si no
pasara nada. (...) De allí el nombre: *cara dura*. Con
diversas variantes idiomáticas: cara de cemento, rostro
de piedra, hormigón o marmolín, de acuerdo con el
grado de solidez.
Isidro Más de Ayala

* carestía
Si cualquier artículo cuesta un ojo de la cara y cada

ciudadano no tiene más que dos, habrá que ir a una emisión de ojos compatriotas. (Digo yo, no sé...)
Simplicio Bobadilla, Serafín J. García

* cautela
Las visiones inmediatistas en ciencia, sobre los descubrimientos y resultados prácticos y económicos esperados, pueden resultar inicialmente tentadoras y atractivas. Pero la experiencia indica que tienden finalmente a crear más confusión que soluciones, más ruido que señal, y que se terminan transformando en un gesto desesperado e inútil, muchas veces sólo sostenido a costa de caros aparatos burocráticos. El final de historias de este tipo, es que conducen a la frustración a múltiples niveles y a una dilapidación de recursos. También generan, basados en premisas incorrectas, descrédito acerca de la labor del científico en una sociedad.
Hay que desconfiar, y mucho, de quienes prometen "atajos" en ciencia.
Rafael Radi

* ceremonias
(...) Me gustaría vivir en un país en el que hubiera ceremonias. Veo en nosotros un gusto por lo informal, un culto por el "así nomás". No se vaya a creer que caemos en los discursos vacíos o en la demagogia o en la banalidad. Se teme, especialmente, caer en la grandilocuencia. Y tanto temor nos va deslizando a la "pequeñaelocuencia", a lo poco, a veces a la nada. Y de escalón en escalón terminamos en el ninguneo. (...)
El fin de año en la mayoría (no en todos) de los liceos

públicos de Montevideo (desconozco cómo es en otros lugares del país) no se cierra: se desfleca, se diluye sin que una ceremonia de fin de cursos cierre una etapa. Los alumnos terminan un año; algunos, los de tercero y los de sexto, al terminar un ciclo se van definitivamente de ese lugar de estudio. Nadie los despide, nadie les dice palabras ni les expresa sentimientos. Sin pena ni gloria, sin emociones ni conceptos, sin presencia de adultos referentes, a veces sin ni siquiera un día final, las clases se van terminando. Un final conjugado en gerundio, sin límites precisos, difuso, pobretón. Acaso un/a profesor /a que se le ocurra una "merienda compartida", acaso un grupo que se autogestiona una chorizada. No hay ritual colectivo: no hay final. No hay nada que decirles a los jóvenes. (...) lo que propongo pensar es en la necesidad de detenimiento. Eso es una ceremonia: un conjunto de gestos que marcan una frontera entre el antes y el después, un instrumento de significado, una manera de valorar y de difundir valores. Darle trascendencia a algo o a alguien se tiene que traducir en formas y tiempos. No estoy pensando en el montaje de espectáculos huecos sino en un modo de la calidez que pasa por el darle importancia a lo importante. Así de sencillo.
Marisa Silva Schultze

* certamen
Campaña electoral. El más importante concurso de poesía, cuyo galardón es otorgado cada pocos años a intervalos regulares, de no mediar la intervención de los partidarios de la prosa.
Leo Maslíah

* certeza

Mi imperativo ético y político es no aceptar que haya personas que –por la desigualdad- no estén pudiendo ser lo que están llamadas a ser.
Mercedes Clara; citado por Leonardo Haberkorn

* chico

Todo un tema, el cambio. Los uruguayos son un conglomerado social en el que la mitad de la población exige cambio chico con voz de hartazgo mientras la otra mitad se hurga afanosamente los bolsillos para poder hacer una compra. La cuenta es de 80 pesos, pago con 100 y escucho el inefable "aaay, ¿no tenés más chico?" (...)
Uruguay parece un país habitado por maniáticos acaparadores de monedas y coleccionistas de billetes de 20, que expulsan un "¿más chico no tenés?" de una forma tan automática como un quejido al despertarse. ¿Qué pasa con el cambio en este país? ¿No hay suficientes monedas, no hay bastantes billetes de baja denominación? Éste debe de ser el único lugar en el mundo donde un comerciante prefiere dejar de vender un producto antes que conseguir cambio para poder cobrarle a un cliente.
Leila Macor

* cigarras

No tiene el hombre criollo la virtud de la hormiga, ciertamente es cigarra. Carece asimismo del instinto del ahorro y de la previsión; vive al día, gasta todo lo que puede y es desprendido con lo suyo como un

aristócrata; no le da importancia al vintén. Por lo tanto, el criollo no puede hacer fortuna con el trabajo, y, en el fondo, desprecia al extranjero que ahorra, pone boliche, mercachiflea y acaba por hacerse una posición.
Alberto Zum Felde; citado por Ana Ribeiro

* cinéfilos
Los uruguayos íbamos mucho al cine. No teníamos industria de cine, no se hacía cine, pero teníamos los mejores críticos de cine, y sabíamos una barbaridad de cine. El sueco Ingmar Bergman filmaba nada más que una película por año, para darnos tiempo, a los uruguayos, de discutir la última que había estrenado.
Juceca

* circunscripción
Monroe-"América para los americanos". Muy bonito, pero un poco vago. "Norte América para los norteamericanos", me hubiera tranquilizado completamente.
Rafael Barrett, 1918

* circunscrita
La razón (…) sirve para resolver problemas de Pedro Martín, pero nos deja desamparados ante el problema esencial del mundo y de la vida.
Washington Lockhart; citado por Carlos Real de Azúa

* clásico
El hincha de Peñarol o Nacional disfruta más la derrota del otro que su propia victoria (…) Hay infartos en la

propia cancha o escuchando el partido por radio (con líos en la pareja: "Así, viejo, que casi te morís, pero no por mí sino por esos mugrientos..."). (…) Somos distintos a muerte, y lo más parecido que existe. Nacional, Peñarol; Peñarol, Nacional... se necesitan (…) Sin ellos la vida en este lugar del mundo sería tan apacible como lo es la muerte en esos cementerios ecológicos de la carretera a Colonia, donde los finaditos están tan distantes, tan aburridos, tan solos. Pero además sería inimaginable un Uruguay con uno solo de los "grandes". (…) No, no, por favor; dejemos las cosas como están (...)
Hugo Alfaro

* claudicar
Yo ya hace mucho tiempo que me propuse no hablar, no discutir nunca, con fanáticos, ni de izquierda ni de derecha, ni sicoanalistas, ni católicos. El fanático me parece simplemente que tiene un poquito de fe exagerada, y entonces no, no quiero hablar con él porque sé que no me voy a entender. (…) el fanático es un tipo que trabaja con eslóganes. El fanático sico-analista también: te va a decir: "Tú tienes el complejo de Edipo"… el de Electra, para que sea más lindo. (…) Yo siempre me digo: Si te encuentras con un tipo que tiene fe, cruza la vereda. Sea un sicoanalizado, un católico, un fascista o un comunista.
Juan Carlos Onetti; entrevista de Jorge Ruffinelli

* coautoría
De modo que, ¿cuáles son, en resumen, las influencias

mías? Los que me enseñaron a componer y a escribir:
Homero, Quevedo, Stravinski, que me fue muy útil, y,
después, todo el mundo. Si hay alguno que no debe
firmar con un solo nombre, soy yo. Sobre todo en el
Don Juan, habría que poner: *Francisco Espínola y Cía.*,
¿eh? ¡Porque es todo el mundo!
Paco Espínola; entrevista de Jorge Ruffinelli

* colgados
De los que pitan si les prestan tabaco, papel, fuego y
hasta ganas de pitar.
Julio C. da Rosa

* cómodos
(…) se diluyen las fronteras entre el espacio público y
el privado: los uruguayos se sienten tan cómodos en su
país como si estuvieran echados en el sofá de su living
(…)
Leila Macor

* comparación
Borges definía a los uruguayos como los argentinos de
antes (…)
Rafael Squirru

* compungido
Y elevo los ojos al cielo, y quiero exclamar
piadosamente: "Perdónalos, Señor, porque no saben lo
que hacen", pero un último hálito de consciencia me
hace gritar: "¡Hijos de puta! ¡Hijos de una gran puta!"
Mario Levrero

* concatenación
(...) todo fin es un comienzo.
Carlos Quijano; citado por Carlos Real de Azúa

* concesión
En la pureza de la niñez ocurre el descubrimiento, o la revelación, del puro ser de las cosas. (...) Al contacto del tranquilo asombro de los ojos de un niño -sólo los niños saben asombrarse con naturalidad- todas las superficies del mundo y todos los claros misterios de los seres parecen adquirir una conciencia gozosa de su propio existir; la realidad convive sin violencias con los sueños familiares, la verdad se refugia en la ilusión y los mitos forman parte de la vida cotidiana.
Guido Castillo, 1957; citado por Carlos Real de Azúa

* conciliador
El tango es rioplatense. Pertenece por igual al Uruguay y a la Argentina, como sucediera con el gaucho o el compadrito.
Porfiar que sea bonaerense o montevideano es cosa baladí. El concepto de área cultural, desconocido por muchos intelectuales de estas latitudes, impide toda prioridad antojadiza o patriotera.
Desde temprano hubo una ósmosis constante entre las orillas urbanizadas del río como mar.
Daniel Vidart

* conclusión
Ser yo, para mí no es fácil.
Juceca

* concreto
El padre Cacho nunca fue un teórico de la bondad
divina.
César di Candia

* condición
(…) no debemos perder de vista que el político es un
sujeto que tiene trabajo en tanto haya gente que lo
apoya.
Agustín Canzani; entrevista de Álvaro Amoretti

* conexión
La burocracia es la patria.
Rafael Barrett, 1918

* confesión
Nunca he matado a nadie, es verdad, pero ha sido por
falta de coraje o de tiempo, y no por falta de ganas. (…)
He codiciado a casi todas las mujeres de mis prójimos,
salvo a las feas.
Eduardo Galeano

* confianza
Han pasado varios días y sigo optimista. Uruguay es un
buen país para vivir. No es solo mi país. Aquí hay gente
que tiene proyectos, ilusiones, hace cosas, muchas más
cosas de las que uno podía creer sabiendo las dificultades económicas en que se vive. Ese es mi argumento.
Una vieja amiga me dice que no me preocupe, que el
optimismo se pasa, cuestión de tiempo, unos meses.
Tal vez menos, unas semanas. Bueno, pasaron ya casi

tres semanas. Tengo un optimismo capaz de sobrevivir
veinte días.
Carlos Liscano a su regreso del exilio; citado por Ana
Ribeiro

* confirmado
Vive adentro de nosotros la apetencia por los cuentos,
y para que esa apetencia surja se necesita que se den las
circunstancias adecuadas. (...) Esto que digo no es una
mera especulación, lo he comprobado. Nadie rechaza
un cuento. Todavía.
José María Obaldía; citado por Virginia Arlington

* conjeturas
Al menos en apariencia, en cuanto a lo externo: lo que
se siente, el golpe del corazón, el amor y el odio, no se
modifican tan fácilmente.
No existe aún la cirugía estética para las pasiones (¿o sí?
¿Psicoanalistas, lacanianos, comportamentalistas, hijos
dilectos de Sigmund o de Skinner, de Jung o Pavlov, de
las terapias holísticas u ortodoxas?).
Algunos especialistas en programación comportamental
estiman lo contrario, algunos profesionales del submun-
do de la mente creen que en lo profundo, en el centro
inasible de la psique, existe un carozo, un botón más o
menos macizo y oscuro, un nódulo patógeno miserable
o maravilloso, según se lo mire, pero en todo caso pro-
blemático y susceptible de ser extirpado: algunas escuelas
de sicología (y la mayor parte del vulgo a ambos lados del
Plata, a esta altura) lo llaman, con familiaridad, "trauma".
Rafael Courtoisie

* connivencia

En su mayoría, los intelectuales no son originales ni rebeldes, y buscan demasiado el calor oficial con sus regalías y prebendas (...)
Gustavo Beyhaut, 1956; citado por Carlos Real de Azúa

* consecuencia

(...) basta que el gobierno designe una comisión, cree un organismo, nombre un técnico, destinados a combatir algo, para que ese algo prolifere (...)
Omar Prego Gadea

* conservada

[Montevideo] mucho no ha cambiado. (...) Algunos pozos de las calles que conocí en mi infancia siguen ocupando su sitio.
Carlos Liscano a su regreso del exilio; cit. por Ana Ribeiro

* contigüidad

Ustedes saben que en el medio de los historiadores uruguayos la crítica no es la norma, en todo caso la norma puede ser el desconocimiento o el elogio cuando te encuentras, pero la crítica sesuda no se estila. Probablemente no se estila porque el medio es pequeño, para no enemistarse, o por esa "sociedad de cercanías" a la que se refería Real de Azúa. Probablemente porque se prefiera la pulla en la intimidad, hacer la crítica más incisiva cuando no está el autor, pero jamás escribirla.
José Pedro Barrán; entrevista de Gerardo Caetano y José Rilla

* contrarios
(…) se registra la existencia irreductible de dos grupos bien delimitados de personas: El de las que siempre dicen "no te metás" y el de las que dicen, siempre, "tirate un lance" (…)
Wimpi

* contundente
Defunción. Acto de dejar de funcionar por parte de un ser humano.
Peloduro

* convergencia
El exilio no es sólo el dolor de estar lejos de todo lo que amamos, sino también de enfrentar este hecho con un interior desbaratado.
María Esther Gilio

* convivencia
El otro es una amenaza, y cada vez hay menos posibilidades de encuentro. Es lo dramático del desgarramiento del tejido social. (…)
Hay que cruzar la frontera. ¿Cuántas veces la sociedad le dice al otro: vos sos el problema y nosotros somos la solución? (…) En la medida que no nos reconozcamos como parte del problema, es muy difícil.
Mercedes Clara; citado por Leonardo Haberkorn

* convocatoria
Aunque el deporte, el juego, el alcohol, la rutina burocrática, la desesperada lucha por la subsistencia

absorban al hombre contemporáneo, su natural espíritu gregario, su pequeña chispa de sensibilidad, su naturaleza lúdica con algo de infantil frivolidad, lo llevarán insensiblemente al teatro. Es decir, que el pueblo espera su teatro. El teatro independiente no puede hacer mutis.
Jorge Pignataro, 1968

* cotización
Los hechos siempre son elocuentes. Un hecho vale más que mil palabras. Quizá hasta más que mil quinientas o mil seiscientas palabras. Depende de cómo esté el mercado.
Carlos Liscano

* coyuntura
Encontrar la manera de remontar el desánimo que ha cundido en nuestra gente, que se expresa en la apatía, la depresión, la desmovilización, el refugio en la salida individual como la única posible y la emigración, o el "no se puede", es un desafío político, que exige respuestas políticas.
Felipe Michelini, 2003

* creído
¿Qué te pensás que sos, la foto de los Beatles cruzando la cebra?
Federico Silva

* crítico
Una especie de terror se apodera de nosotros cuando

miramos ciertas producciones artísticas actuales. No es sólo la estridencia, el choque, la discordancia, el caos, lo indescifrable, la exorbitancia. Lo que nosotros creemos, a veces, advertir, presente, y haciendo crudos visajes, es el verdadero rostro de la Demencia. Entre tanto, un coro charlatanesco de mistagogos anda en redor de tales obras, diciéndonos que el hombre moderno, que la sensibilidad nueva, que la angustia existencial, que la libido, que el hombre primitivo, que lo abstracto, etc., aplicando todo a todo en la más vocinglera Babilonia. Domingo Luis Bordoli, 1961; citado por Carlos Real de Azúa

* cuentista
[Paco] Espínola fue el *narrador* uruguayo por definición: inagotable, espléndido, y tal vez insuperable narrador oral, muchas de sus noches discurrieron narrando historias y anécdotas, algunas de las cuales pasaron a la literatura escrita mientras la mayoría se desgastó y perdió.
Jorge Ruffinelli

* cuestión
(…) toavía ta por saberse si es el Tiempo que pasa por nosotro o si somo nosotro que pasamo por el Tiempo. Eso nunca quedó aclarao.
El Pulga

* culturas
(…) esos valores de la cultura universal eran los de la alta cultura, la izquierda del siglo XIX y del Nove-

cientos no dejó jamás la menor duda sobre eso. A los comunistas de 1917 no se les ocurrió nunca que del mujik iba a surgir algo importante a no ser su folclore medieval. Lo que había que hacer era llevarles la gran cultura. Era "el mensaje". Había que llevar al pueblo el ballet y la música clásica mediante conciertos populares. Y la República española lo que quería era llevar al pueblo a Lorca y su teatro. Esa fe en la gran cultura, esa confianza en el papel del intelectual como esclarecedor de las masas incultas tiene un elemento elitista. No dejo de verlo. Pero yo todavía la sigo teniendo. Luego sobrevino un concepto que está bien, que viene de la antropología, que responde que cultura es creación. ¿Y las masas populares crean? ¿Los pueblos primitivos crean, tienen su cultura? Y sí. Cuando es auténtica. Pero ¿cuándo es Tinelli? No. ¿O sí? Va en ese derrotero mi pensamiento. Es cultura popular lo que surge del folclore en el norte argentino. ¿Tinelli es creación? En algún sentido sí lo será. Pero es espantosamente achatador de cualquier clase de creación que nos enriquezca. En todo caso, siempre es preferible Brahms.

José Pedro Barrán; entrevista de Salvador Neves

* cura
El tiempo, ese gran médico del dolor (...)
Sansón Carrasco, 1883

* cursos
Estoy en un café que queda donde empieza la feria de los domingos. Frente a la Universidad. Te diré que yo

no estudié filosofía en la Universidad sino frente a la
Universidad.

Felisberto Hernández; citado por Ana Ribeiro

* debatible
Nuestra generación ha usado el bergantín y la diligencia, y después ha llegado hasta el avión. Difícilmente otra podrá ver y probar tanto cambio.
Carlos Martínez Moreno

* década
Cuando te pones a valorar la época del 70 ¡Estaba todo lleno de acontecimientos!
Liber Seregni

* decadencia
El ciclo de aportes vitales, bien magros por cierto, del Uruguay se cerró en el 30. De entonces a hoy seguimos hollando los mismos senderos. (...) Todo igual, siempre igual, abrumadoramente igual y pequeño, con la uniformidad y regularidad de las estaciones, las lunas y los soles; pero sin la misteriosa armonía y la belleza de los mismos. No es una crisis. Es algo peor que una crisis. Un estado de sonambulismo inconsciente, la convicción puramente instintiva de que nada cambiará y nada puede cambiar, una complacencia, a la escala zoológica, con el bebedero y el comedero y una trágica pereza que nos disimulamos y creemos vencer, dándonos a las discusiones puntillosas, a las agitaciones efímeras, a la caza del hombre. El Uruguay hoy, es el desván, o el refugio de los lugares comunes. Todo él, un inmenso lugar común, a veces sonoro pero siempre vacío. Y ello a la hora en que todos los lugares comunes han volado hechos trizas. De Asia a África,

de Europa a los propios Estados Unidos. Erigidos en custodios de un mundo muerto, atados a féretros vacantes, hemos perdido hasta el olfato. Porque lo que ya no es ceniza, hiede, y sin embargo, nos complacemos en su compañía.
Carlos Quijano, 1960; citado por Carlos Real de Azúa

* decantar
(...) cuatro décadas después, con la experiencia de la dictadura a cuestas, los uruguayos le damos un valor muy distinto a la democracia y hemos aprendido -o creemos que hemos aprendido- que su ausencia resulta mucho peor que sus períodos más insatisfactorios.
Marcelo Pereira, 2013

* deconstruir
¿Para ser uruguayos, debemos dejar de ser uruguayos al modo que fuimos y aún somos? O crece o muere.
Alberto Methol Ferré

* definición
Certidumbre. Capa de óxido de hierro de que se cubren las personas que están mucho tiempo en lo cierto.
Peloduro

* definitivo
La democracia padece males y conoce corrupciones; son leves, frente a las demoliciones sistemáticas de las dictaduras en el orden moral.
Gustavo Gallinal, 1938; citado por Carlos Real de Azúa

* degenerar
Cuando se pierda toda la poesía,
cuando la gente sólo sobreviva,
cuando el cansancio mate la alegría,
seremos una máquina de trabajar.
Ruben Rada

* denominación
(…) aquella extensión marina intracontinental ha ido cambiando de nombre (...) "Mar de Solís" lo llaman actualmente los geólogos a aquel mar intracontinental. En 1512, Solís, que no sabía que ya tenía nombre, le llamó "Mar Dulce". Los que aquí llegaron después, no a visitarnos, sino en busca de la plata del Cerro del Potosí, que por aquí salía, le llamaron "Río de la Plata". Afirman los historiadores que para los indios era "Paraná Guazú". Esto es: "río ancho como el mar". Pero, ¿cómo sabían los indios lo que era un mar? Un geólogo serio no debe formular preguntas perturbadoras. Sólo debe hacer afirmaciones. Si todo el mundo se pone a hacer preguntas, nadie escribe la historia, ni hace la geología.
Isidro Más de Ayala

* desapego
La persona humana se desarrollará plenamente el día que, sin esfuerzo, como algo naturalísimo, de la misma manera que renunciamos a apoderarnos de una estrella, comprendamos que no nos pertenece ningún objeto del universo, salvo nuestro pobre cuerpo. (…)
Tener amor a la propiedad privada; he ahí el más sutil

y funesto signo de bajeza del espíritu. (...) El creerse dueño de un pedazo del universo es una grave inmoralidad, consentida por los hombres por pura conveniencia.

Emilio Oribe, 1945; citado por Carlos Real de Azúa

* desbalance

En 1908 Uruguay tenía 1.042.686 habitantes, en 1963, 2.595.510 y 2.788.429 en 1975, lo que demuestra su pausado crecimiento a lo largo del siglo comparado con las restantes naciones latinoamericanas. Las bajas tasas de natalidad, las nuevas tendencias en la migración internacional desde mediados de los años sesenta - detención de los aportes europeos- y la fuerte inclinación de los uruguayos a la emigración no sólo en la región sino hacia los países desarrollados, delinearon un nuevo y alarmante panorama. La sociedad uruguaya crecía muy lentamente, envejecía notoriamente -en 1908 las personas de más de 65 años constituían el 2.5% del total, en 1963 eran un 7.6% y en 1975 un 9.7%- y expulsaba a parte de sus integrantes. En síntesis había más viejos, menos niños y jóvenes (en 1908 los menores de quince años eran el 40%, en 1963, el 28.4%) y la emigración se hacía crónica, con lo que el país parecía ingresar en un ocaso progresivo.

Yvette Trochon

* desconcertados

¡Lástima de tiempo derrochado en el culto de lo nimio, de energías absorbidas por lo secundario!

Te declaro con toda franqueza que quisiera ser más

optimista acerca de la suerte de ese país; pero no puedo, no puedo ver de color de rosa lo que se está poniendo de un gris muy oscuro. (...) nada positivo espero de ellas, desde que veo a esta intelectualidad joven quemándose las cejas sobre amarillos mamotretos, empeñada en desentrañar enseñanzas de las epopeyas de nuestra raquítica existencia americana, en vez de ocuparse de los hermosos problemas científicos que agitan las mentalidades contemporáneas, agrupada en pos de las tibias resecas del primer gaucho clásico que se le ocurre héroe, enarboladas a guisa de ideal o de las piltrafas vivas de cualquier pseudo caudillo, tropero de pasiones, en lugar de estar con los que desde ahora trazan rumbos sobre el porvenir, desperdiciado en una subordinación lamentable de lo que vale a la insignificancia, toda su exuberante vitalidad!

No creo en ustedes, patriotas, guapos y politiqueros.

Tuyo

Florencio Sánchez, *Cartas de un flojo*, 1900

* descripción

Creo que en algún plano el Uruguay ha desmejorado, si bien no en el plano material. Nunca Uruguay ha producido esos estados de emergencia horribles que se dan en otros países.

El Uruguay es un país mediocre, esa es la palabra que corresponde. No es ni terriblemente pobre, ni es ostentosamente rico. Tampoco tiene las grandes facilidades que puede dar la riqueza. Es un país quizás equilibrado, pero esa palabra la siento un poco teñida

de aburrimiento. No sé, es un país poco inquieto. Quizá hay demasiada conformidad con lo que se ha logrado. Es un país donde se trata de que no haya analfabetos, pero tampoco creo que haya una cultura extremada.
Ida Vitale

* descuidados
Cuando se compara nuestra actitud ciudadana, sonámbula en el recuerdo de las épocas que nos precedieron, y que, ni siquiera estima su existencia como necesaria, con el culto que por los menores detalles del patrimonio nacional guardan las naciones mayores, comprendemos que el agravio que inferimos a las generaciones venideras es ilevantable y nosotros estamos elaborando nuestro propio epitafio lapidario.
R. Francisco Mazzoni, 1943

* desembrollar
Vamos a aclarar bien las cosas, porque con las piolas enredadas no se remontan cometas (…)
Ruben Lena

* desencadenante
Nada hay más peligroso que el planteamiento falseado de los problemas, y esa peligrosidad es más grave cuanto más vastos son los destinos que esos problemas afectan.
Luis Pedro Bonavita; citado por Carlos Real de Azúa

* desenfreno
(…) siempre, cuando hablamos, decimos más de lo que queremos.
Daniel Gil

* deseo
Porque los proletarios estarán en contacto internacional siempre más íntimo y cuando los gobiernos se declaren la guerra, los soldados se declararán la paz. Los mariscales tendrán que batirse solos, lo cual no será grave para los intereses de la civilización.
Rafael Barrett, 1918

* desesperanzado
Y no crea señor que estoy llorando
son pavadas nomás que siente el alma,
es que a veces el hombre pierde el juicio
cuando ve que se muere una esperanza.
Juan Pedro López "China hereje", alrededor de 1921; citado por Emilio Sisa López

* desgaste
No es raro encontrar mucha amargura y pesimismo en círculos de gente que lucha por construir algo nuevo. La "acidez" permanente, la inconformidad frente a cualquier solución, la reivindicación de lo totalmente "puro" como lo único válido y la constatación de la imposibilidad de implementación práctica, destruyen la vida de personas que justamente por su compromiso deberían ser las más realizadas.
Javier Galdona

* desinformado
*En este país, el que sepa lo que va a pasar es porque está mal
informado.*
La frase, que no fue dicha a propósito de Uruguay sino
de Brasil, pertenece, creo, al diputado Herbert Levy, de
aquella tierra. Resulta de todos modos tan adecuada al
momento actual de los orientales que, con la debida
reserva respecto de su autoría, la requiso.
Manuel Flores Mora, 1984

* desinterés
Un amigo oceanógrafo se me quejaba de su elección vo-
cacional, decía que en este país su carrera no tenía sentido.
"Un país que tuvo la proteína libre vagando por el campo
no necesitó mirar al mar para conseguir el sustento".
László Erdélyi

* deslinde
Los uruguayos (...) hacen lo que pueden para
diferenciarse de los argentinos.
Tulio Carella

* desparejo
Fácil es ver el dogmatismo en los otros; difícil es
advertirlo en sí mismo.
Clemente Estable, 1947; citado por Carlos Real de Azúa

* desprolijidades
Hay "chanchadas" que no las sanciona el derecho, pero
las condena severamente la sociedad.
Agapo Palomeque; citado por Álvaro Amoretti

* desvalidos
(...) la sombra del país que deja darse las condiciones
para que surjan estos desposeídos no ya del mínimo
vital sino de una razón profunda de vivir.
Hugo Alfaro

* desvirtuado
El ejército, según he oído, tiene la misión de defender
la patria y mantener el orden. Hay naciones donde su
misión parece ser la de alterar el orden.
Rafael Barrett, 1918

* detalle
Uno de los mayores enemigos del progreso en la
enseñanza lo constituyeron quienes fácilmente *reforman
todo, superficializándolo todo.* Y una de nuestras debilidades
está en *reformar antes de formar* y entonces, *se deforma* lo
que de algún modo iba formándose... *En la vida sólo
cuenta para siempre lo que con ella avanza siempre.* Más que
reforma que por un lado todo lo niegue y por el otro
todo lo acepte, la enseñanza requiere constantes
mejoramientos. Nada se cambia de golpe en la vida del
espíritu. Y sin interior ¿qué es el exterior? *Toda sana
evolución va de dentro afuera, de abajo arriba.* He ahí una
observación del filósofo Hoffding, que debe tenerse
presente cuando se trata de reformas.
Clemente Estable, 1947; citado por Carlos Real de
Azúa

* dictamen
(...) la sociedad uruguaya, comunidad pequeña, con

una tasa de crecimiento demográfico excepcionalmente baja y por consiguiente sometida a una peligrosa tendencia al envejecimiento, enfrenta el problema del desarrollo con tres rasgos que en lo inmediato operan negativamente:

-un acentuado *conservatismo*, que se proyecta como una resistencia generalizada al cambio, y en lo político un freno a la penetración de las jóvenes generaciones en el movimiento político;

-un excesivo peso del *ideal de seguridad* dentro del cuadro de valores sociales prevalecientes, que neutraliza los impulsos dinámicos de muchos sectores de la comunidad;

-un *excesivo espíritu crítico con tendencia al pesimismo*, lo cual crea actitudes negativas para la acción y estimula en cambio, un exceso de dialéctica infecunda en términos de progreso material, o una resistencia de muchos grupos dirigentes a comprometerse con el futuro del país.

Desde luego que la identificación de la actitud social del país para el desarrollo no se agota con el planteo de estos tres rasgos.

Enrique Iglesias, 1966

* difícil

El peligro de la fraternidad. (...) Debe existir una ecuación distributiva que le permita al cordero vivir en el mismo soto con el león, sin que el león se coma al cordero y sin que el cordero neutralice en el león su estímulo vital de la caza y su destreza de gran cazador.

José Irureta Goyena, 1944; citado por Carlos Real de

Azúa

* dificultoso

Hacer humorismo en este país no es cosa fácil. Y no es
que falte humor, ni actos que merezcan ser atendidos
por el especialista en humor. Lo que sucede es que
resulta muy difícil a los aspirantes a humoristas
profesionales (...) competir con los cientos, con los
miles, con los cientos de miles de humoristas
aficionados. Sin contar los vocacionales. (...) ¿Cómo
luchar contra esa competencia masiva, desleal,
avasallante?
Omar Prego Gadea

* dignidad

El lector de *Marcha* es un desengañado de la prensa
grande. Sabe que algunos diarios mienten a sabiendas,
sabe que el avisador es, frecuentemente, quien lleva las
riendas de la pregonada libertad de pensamiento, sabe
que la verdad periodística, antes de llegar al público,
pasa algunas veces por la Caja y deja allí algunos de sus
tabúes. Por eso, lo que más le seduce de *Marcha* es su
independencia; está dispuesto a disculpar errores, a
perdonar inepcias, a excusar aturdimientos, ya que se
descuenta que siempre se tratará de fallas *independientes*,
es decir, no financiadas o aconsejadas o provocadas
por intereses extraperiodísticos. Cuando *Marcha* se
equivoca, *se equivoca gratis*, y esa convicción es un
anticipo de estima que el lector siempre está dispuesto
a otorgar. De ahí la vasta influencia que el semanario
tiene en el ambiente nacional. Los propios diarios

tienen plena conciencia de ese ascendiente; tan es así
que cuando *levantan* párrafos enteros u opiniones de
Marcha, por lo común evitan mencionar la procedencia.
Mario Benedetti

* dilema
América Latina debe trazarse y con ella tal vez el Tercer
Mundo todo, lo que Europa Occidental quiere y no
puede: un camino alejado tanto del capitalismo caduco,
como del comunismo avasallador. (...) ¿Por qué sólo
nos está dado elegir entre dos bloques? ¿Acaso no
tenemos el deber y la posibilidad de crear otro? Aceptar
pasivamente la alternativa que se nos quiere imponer,
es resignarnos a la condición humillante de esclavos de
uno u otro de los poderosos.
Carlos Quijano, 1961; citado por Carlos Real de Azúa

* dimensiones
Tal vez el único país donde las dimensiones son
humanas –o correctamente dicho, europeas- y no casi
geológicas, es el Uruguay; allí es posible ver el paisaje
con mar, montañas, lagos y llanura, desde un solo
punto de observación.
Arturo Jauretche

* discriminadas
Te persiguen con el ridículo, las caricaturas, los nombres
despectivos, rumores sobre tu vida privada, la memoria
implacable de lo que hayas dicho en algún momento
poco feliz. Para la mujer no hay piedad. En 60 años de
lucha política los hombres de mi país han sido duros,

feroces... Yo le aconsejo a la mujer que venga a la lucha, pero sabiendo lo que le espera. Que venga con sus zapatos puestos y que tenga taco alfiler, que es una verdadera arma. La mujer que rehúye este compromiso le está negando un paso a la historia. Porque la historia o se hace con las mujeres o no camina.
Alba Roballo

* disimilitud
(...) el proletariado rural no tiene ambiciones, porque el horizonte de sus ideas no va más allá del monótono límite de la existencia diaria; a desemejanza del proletariado urbano, que siente acicateados sus apetitos por la contemplación de la intensa vida que le rodea, que cada vez despierta en él mayores y mejores deseos y un más completo conocimiento de las cosas, el rural actúa perennemente dentro de un mismo plano, monótono como ninguno, pero, sin embargo, agradable en razón del escaso esfuerzo que exige, de la alimentación siempre a mano, y de la belleza física del medio. En el urbano se cumple estrictamente la ley de que el que no trabaja no come; en el otro no, porque de todos modos él comerá siempre; el urbano sabe bien que cuanto más trabaje más ganará y gozará; el rural no lo sabe, y aunque lo supiera no podría hacerlo, a menos que emigre de la estancia para la Ciudad.
Julio Martínez Lamas, 1930; cit. por Carlos Real de Azúa

* disonante
Achicoria. Planta de la que se extrae el café y otras infusiones como la indigencia, la incapacidad

económica y la miseria.
Peloduro

* dispar
La realidad es que somos socios menores. Brasil y
Argentina apenas nos comunican las decisiones.
Jorge Batlle; citado por Álvaro Amoretti

* distancia
Una cosa es que el diccionario etimológico nos advierta
que la palabra [democracia] significa "poder del
pueblo", y otra muy diversa el sentido verdadero y
uruguayo de ese término tan zarandeado en los tiempos
modernos. (...)
La cáscara democrática es casi perfecta. Quizá seamos
los cascarodemócratas más admirables del mundo, y
aun en ese sentido confirmemos el viejo concepto de
que "como el Uruguay no hay". (...)
El antifaz de la democracia no alcanza a ocultar los
ojos de la canalla. Bajo una capa de fanático institucio-
nalismo, bajo un respeto a la letra y no al espíritu de la
ley, hay una tremenda estafa a lo mejor que tiene este
país, hay una inicua defraudación de la esperanza.
Mario Benedetti

* distingo
Un *lunfardo* es una lengua especial, una parla de
delincuentes, un *argot* esotérico de pícaros y ladrones.
El lenguaje popular, en cambio, es la caja de resonancia
donde la lengua madre recoge las voces menores que
vienen al hombro del éxodo campesino, que llegan en

las bodegas de la inmigración y que se acuñan en esa Casa de Moneda idiomática que es la calle. No confundir, pues. Lenguaje popular y *lunfardo* corren por cuerda separado. El lunfardo es una llave de iniciados. Daniel Vidart

* eco

(...) la mayoría de los políticos sólo piensa en no quedar mal y terminan inclinándose por lo que es el sentimiento mayoritario de la gente, o por lo que ellos creen que piensa la mayoría, en lugar de mantener su pensamiento y salir a convencer a la gente. Y ojo, que supongo que esto debe pasar en todas partes del mundo, y no solamente en Uruguay. Lo que pasa es que en Uruguay ese fenómeno está exacerbado. (...) Hasta el punto de que los políticos uruguayos le tienen miedo a la ciudadanía. Y entonces renuncian a liderar, dejan de hacer docencia y no forman opinión pública. Porque la política no es sólo gobernar y administrar. (...) ese miedo a la opinión pública lleva a que los políticos cambien el discurso y no digan lo que piensan sino lo que creen que la gente quiere escuchar de ellos. Y eso, que es grave porque perjudica a la sociedad en su conjunto, no sólo está pasando, sino que pasa cada vez más.

Claudio Paolillo; entrevista de Álvaro Amoretti

* efectos

Cuando se razona bien y se observa mal, la Razón es defraudada por la observación y el razonar bien se convierte en la manera más eficaz de propagar y perpetuar el error; cuando se observa bien y se razona mal, la observación es defraudada por la Razón, pero el mal es menor, pues el falso razonamiento no destruye los hechos bien observados. Entonces, más que

propagarse un error, se retarda el avance de una verdad.
Clemente Estable, 1947; citado por Carlos Real de Azúa

* eficaz
Mi fantástico amigo Soiza Reilly dijo: "La muerte es un jabón de mágicos efectos; quita todas las manchas".
Arturo Lagorio

* egresados
En el Uruguay se produce un abogado y medio por cada ingeniero. (…) Para el siglo XXI lo que necesitamos son biólogos e industrias culturales. Además, necesitamos ingenieros, médicos y todas esas cosas, sí.
Juan Grompone

* elasticidad
Nuestros compatriotas se han quitado ya aquel cuello duro, llamado "pajarito", cuyas rígidas puntas herían su mentón, pero mantienen todavía, por hábito, la postura de solemnidad a que los obligaba aquella prenda. Creemos que nadie pondrá en duda la convivencia de que también al espíritu se le saque el cuello duro.
Como llegan las arterias a su esclerosis por pérdida de la elasticidad, se puede llegar también a una esclerosis del entendimiento por excesivo uso de la realidad. Si ésta no deja al individuo un margen para ilusionarse, soñar, o reírse, termina en la cristalización, esto es, *enloqueciendo de cordura.*
Isidro Más de Ayala

* elegir

Ahora se ha puesto de moda la ambigüedad y la niebla, y tomar partido se considera prueba de estupidez o mal gusto; pero el autor siente la alegría de elegir y confiesa ser uno de esos anticuados que todavía creen que esa alegría da sentido a la misteriosa aventura del bicho humano en este mundo.
Eduardo Galeano

* elogio

Escribí (...) que [Líber] Falco era un milagro, y es cierto. Pero un milagro hecho es un milagro muerto, porque un milagro se suicida al hacerse. Falco, para bienaventuranza de sus amigos y de la poesía, era un milagro inconcluso, un milagro en marcha y sin punto de llegada, digamos. (...) estaba de vuelta de lo que la vejez y la sabiduría enseñan a desdeñar. (...) su corazón de santo laico —o sea de doble santo, casi- le rumbeaba como una brújula.
Mario Arregui

* elucidación

Aquí no se hace la Reforma Agraria porque los latifundistas son vacas sagradas.
Tripp, Julio César Puppo

* elucubración

Como el tema da para todo, hay escritores que rastrean el origen de la coreografía del tango en las figuras de la pelea entre guapos. El adelantado fue Miguel Camino, quien, en 1926 aventuró que al compadre

"los duelos a cuchillo
le enseñaron a bailar".
A los poetas se les puede permitir que le den piolín a la pandorga de la fantasía. Pero cuando llegan los ensayistas de ceño fruncido, cargando lentes sobre el caballete, y repiten y ahondan y adoban las afirmaciones de aquellos con filosofemas y mitografías, comienza a levantarse una ola de notable perplejidad en las mentes simples como la mía.
Daniel Vidart

* embuste
Negar los hechos, ignorarlos, adulterarlos, no es sólo una característica de los que ocupan cargos de Gobierno -al fin y al cabo estos ocupantes no lo serían si no tuvieran respaldo- es una característica nacional. A los orientales nos gusta engañarnos, tomar nuestros vagos y mediocres deseos por realidades, despreciar los hechos cuando ellos perturban nuestra tranquilidad. En el mismo altar de la irrealidad, todos oficiamos, todos hacemos nuestros reverenciales sacrificios, todos convivimos. Es una tácita y común hipocresía.
Carlos Quijano, 1965

* empalabrados
En nuestro país hay una cantidad insospechable de charlatanes. Son los reclamistas de su propia palabra. Y hay también un número sorprendente de polemistas, disertantes, narradores y genios discursivos. Tenemos además un Parlamento grávido de oradores, una organización radiofónica pletórica de charlistas. Todos

reclaman atención, todos quieren ser escuchados, festejados y aplaudidos. Pero como existe escasez de orejas receptoras, y hay un marcado déficit de paciencia y de aguante, ya comienzan a experimentar los efectos de ese desequilibrio, fenómeno inflacionista de la palabra que desborda la capacidad adquisitiva del sistema auditivo.
Ildefonso Julio Zavalla, 1949

* encuentros
(...) Allí la soledad se hace sabiduría y hay una verdadera sabiduría de la soledad. A este propósito, cualquier lector puede recordar algunos personajes de Morosoli (...) Así, por ejemplo (...) Andrada *"iba a visitar el monte, como otros iban a visitar a un pariente o a un amigo"*. Y en el monte se quedaba *"vaciado por las horas que hacían dar vuelta la sombra de los troncos, mientras la brisa rozadora de hojas, movía las copas unánimes y los ojos se le iban poniendo pesados de mirar contra el cielo el vuelo de los bichitos"*. Y así, *"volcando su atención en el oído"*, sentía *"entre un tronco el sordo barrenar de un parásito"*. (...) La soledad interior es así una fuerza suave que acaricia el alma y que hasta puede ser compartida sin desvirtuarse, como ocurre en aquellos dos viejos, Sinforoso y Candelario, del cuento de Javier de Viana "Puesta de Sol", los cuales *"como sus existencias habían bostezado juntas, pegada una a la otra, se conocían de la cruz a la cola, y no tenían nada que decirse"*, pero que *"todas las tardes concluido el trabajo de aradores a que finalmente los habían destinado, se iban al galpón, avivaban el fuego, calentaban agua, verdeaban y charlaban"*. Charlaban y charlaban en una monocorde comunicación de

trivialidades, que permitía que ambas soledades, la de Sinforoso y la de Candelario, se arrimaran una a la otra, suavemente, sin estorbarse. Y en esta especie de mansa destilación de su intimidad, que da compañía sin quitar soledad, van transcurriendo los últimos días de estas dos vidas paralelas, cuya única ejemplaridad deja entrever Viana que ha sido la tímida mansedumbre ante el propio destino.
Arturo Sergio Visca; citado por Carlos Real de Azúa

* enfrentar
El pasado duele y aunque esté a nuestra espalda hay que mirarlo de frente.
Carlos Caillabet

* engaño
(...) es un denigrante, inhumano e ilusorio consuelo de los sudamericanos pensar que lo atroz ocurre lejos de nosotros.
Guido Castillo, 1957; citado por Carlos Real de Azúa

* engrandecidos
El país estaba agrandado. La guerra de Corea le generaba cuantiosas divisas, y Maracaná había confirmado en el 50 que cualquier hazaña es accesible para los uruguayos.
Hugo Alfaro

* enigmas
(...) cuando algo o alguien es bueno, los uruguayos cierran el puño, con el pulgar y el índice abiertos, y

llevan la palma frente a la boca. El extranjero siempre pregunta qué significa el gesto. Y el uruguayo siempre responde, incluso emocionado:

—¡Bigote para arriba!

Y yo aún no he encontrado quien me explique qué demonios tiene que ver un bigote reversible con estar bien. (...)

Y encima hay expresiones inexplicables, como "agarrate Catalina" (¿quién es Catalina?) y otras gastronómicas, como "chúpate esta mandarina" y "la verdad de la milanesa", verdad cuya iluminación culinaria todavía espero que me alimente.

Leila Macor

* entonces

En definitiva, ¿qué son los uruguayos sino argentinos ocupando territorio brasileño?

Juan Carlos Doyenart; citado por Álvaro Amoretti

* entrañable

(...) Vuelvo a [Hugo] Alfaro, Marcha: "un desafío a la pereza y los prejuicios". (...) Creaba un mundo de polémica en el que nos fuimos implicando, invitaba a palpitar en la controversia. Los detractores de Marcha la apodaban "Zunino" en alusión a la conocida empresa de demoliciones.

Jorge Castillo

* epistemología

Recuerdo un texto de Física que comenzaba diciendo, aproximadamente: *"Suponemos la existencia de un mundo*

exterior, del cual provendrían ciertos estímulos que impresionan nuestros sentidos..." Eso es espíritu científico; no dar nada por supuesto, ni siquiera la existencia de un mundo exterior. *"Si ese mundo exterior existe, entonces la Física dice...*" La crítica literaria parece dar por sentadas muchas cosas, entre ellas la existencia de un mundo exterior objetivo, y a partir de allí señalan límites precisos a la realidad y al realismo, dan por sentado que el mundo interior es irreal o fantástico, y tratan de rotularlo todo de acuerdo con esos puntos de partida arbitrarios y pretenciosos. Yo me pregunto por qué un sueño debe ser menos real que una vigilia.
Mario Levrero; entrevista de Pablo Rocca

* equidad
Porque como decía mi viejo -que era sastre-, "si vos le entregás un saco mal hecho al verdulero de la esquina, no te podés quejar si él te da la fruta podrida".
Mauricio Rosencof

* equilibristas
Algunos políticos son como pirinchos parados en un alambrado: hacen reverencias con la parte de adelante y equilibrios con la cola.
Alfredo Lepra; citado por César di Candia

* equivalencia
En el Uruguay, en el Uruguay, la literatura es igual al Uruguay.
Roberto Appratto; citado por Elvio E. Gandolfo

* escala

Es que todo el Uruguay es como la Argentina pero sin un cero: ustedes son 35 millones y allá son 3.5, una escala que se aplica a todos los órdenes de la vida. Por algo Borges dice en un poema que Montevideo es como una Buenos Aires que se quedó en el tiempo. Y es un poco así.

China Zorrilla

* escenario

Sucede que Pocitos es como la Aguada, pero hace creer que es como Carrasco. Pocitos está dedicado a representar el difícil papel de barrio rico (…); y como más de diez mil montevideanos se domicilian en esta comedia, Pocitos resulta ser nuestro primer teatro de masas.

Carlos Maggi

* escenografía

Cruzamos en coche las afueras de la ciudad. "¿Viste la película *Whisky?*", me pregunta el conductor. Le contesto que sí y que me pareció excelente. "Bueno", dice el conductor señalando el cristal frontal, "acá la tenés".

Andrés Neuman en Montevideo

* escritores

Aquí nadie lee porque todo el mundo escribe.

Guido Castillo

* escuela

Yo fui a la escuela pública. Mi madre había sido maestra en sus inicios y siguió siempre vinculada a la

escuela pública. Ella tenía un alto concepto de la escuela pública. Por otra parte, no teníamos medios para que yo fuera a una escuela privada. Pero quiero rescatar de la escuela pública un concepto que tengo profundamente arraigado; la escuela pública es una escuela de democracia porque en el momento más crucial de la vida –cuando se es una personalidad todavía dúctil– se aprende que todos somos iguales y que todos tenemos los mismos derechos y las mismas responsabilidades. La escuela pública es un crisol donde se conjuga un grupo humano de niños de muy diferentes grupos sociales y se establece entre ellos una interrelación y unos lazos de amistad y de solidaridad que van a dejar su impronta para toda la vida. El que ha ido a la escuela pública está formado para no sentirse disminuido frente a las diferencias de índole económico. Y es un verdadero crisol donde se forja una concepción democrática de la sociedad. Y eso yo creo que es lo mejor que me dejó a mí la escuela pública y quiero reivindicarlo porque lo considero de una gran importancia.
Daniel Murguía, entrevista de Silvia Scarlato

* esencial
Y para vivir, no perder la razón de vivir.
Carlos Quijano

* esparcir
(...) los pensamientos vuelan como las semillas de cardo que se plantan solas, lejos de donde salieron.
Juan José Morosoli; citado por Leo Maslíah

* especialistas
Ocurre que a quienquiera que sea le parece que es
capaz de hacer las cosas mejor que los demás.
Desde el que critica el Palacio Salvo hasta el que le
corta la cola al perro, demuestran que se habían sentido
capaces de levantar un Palacio Salvo sin esa torre que
parece un pescuezo y de hacer a los perros más buenos
mozos.
Wimpi

* espectáculo
Lo curioso es que esos abismos de deseo insatisfecho
no generan acciones, más allá de la adicción a las
representaciones y simulacros del glamour, la belleza o
la emoción. Ya hace mucho Sandino Núñez escribía su
estupor ante la alegre indulgencia con que los vecinos
de un barrio pobre de Rivera o Tacuarembó miraban
un programa veraniego sobre la farra y el champán de
Punta del Este, sin salir desaforados a incendiar todo.
Gustavo Espinosa

* especulación
Un extranjero que viene a quedarse y que no cuenta
con nada (poco dinero, pocos conocimientos, pocos
amigos, pocos parientes) un recién desembarcado es un
receloso; debe prevenirse de todo, debe abundar en
sospechas, vive en estado de duda general. La
suspicacia, la cautela, la astucia son sus primeras
defensas. ¿En qué o en quién confiar agobiado por
tanta soledad? Pero al mismo tiempo sucede que no
basta precaverse, hay que vivir. El inmigrante no puede

contentarse con tomar precauciones, debe salir a ganar; para eso, justamente, quemó las naves y se vino; porque no fueron todos los que se animaron a venir. Debe pues entrar a este medio imprevisible y, pisando inseguro, debe internarse improvisando a cada instante, inventando respuestas, tanteando un poco y, en seguida -peligrando revolcones- debe hacer lo que venga y luego averiguar cómo se sigue y seguir. Es como una marcha en la noche. Los instintos se agudizan, los reflejos se hacen más rápidos y más vivaces; el hombre está colocado sobre el borde de su necesidad: avanza a tientas o se entrega y muere.

De esta experiencia total -atroz y deliciosa- pienso que nace lo que dimos en llamar viveza criolla. (...) La viveza, por supuesto, es bien diferente de la inteligencia y bastante menos valiosa. La viveza es simple velocidad, es ademán inmediato casi instintivo, es -valga la paradoja- la capacidad de tener buenos reflejos mentales. Así como el talento crea y la inteligencia esclarece, la viveza que no inventa ni hace extender nada, es pura rapidez mecánica (...)

Sucede después que esta viveza (...), unida a la suspicacia ambiente, se hace malicia. Es más vivo el más suspicaz y el más malicioso. En cuanto se conoce a alguien, la cuestión es buscarle el lado flaco. Y por lo mismo que en el fondo se teme el engaño y la emboscada, lo primero que se quiere es tenderle una trampa a ese desprevenido; hacerlo caer antes de caer.

Carlos Maggi; citado por Carlos Real de Azúa

* esperable
En Uruguay las crisis siempre se deben a dos causas: las
sequías o las inundaciones.
Marcos Velázquez

* estabilidad
Para Wagner (¡y los batllistas radicales!), el deseo debía
ser liberado de la presión social y la moral católica, para
Tolstoi y las Iglesias cristianas, el espíritu debía liberarse
del deseo carnal. Ambas morales sólo alcanzarían cierto
grado de convivencia si reinaba en una y otra la
prudencia. Y ello sucedió. Muy raramente las mayorías
son partidarias de los extremos.
José Pedro Barrán

* estampas
En la superficie el habitante de este río como mar es
sobrio y medido, intelectual y triste, gran amigo del
derecho y de las abstracciones. Muchos viajeros (desde
el conde de Keyserling para abajo) nos han echado en
cara la tristeza en tanto que otros han visto con
asombro nuestra escasez de color local: algunos
gauchos de chiripá, los orilleros de golilla al cuello
sujetando las esquinas en el Bajo; algunos negros
tamborileros que antes eran de Figari y ahora son de
Páez Vilaró. Y en la otra margen no están mejor.
Emir Rodríguez Monegal; citado por Carlos Real de
Azúa

* estereotipos
El hombre de la calle del tipo sintético tiene su frase

para cualquier tema: la guerra, la muerte, el amor, las
quinielas, el verano, el sobretodo. (…)
Entre las trabajadas joyas que ha burilado el hombre de
la calle para resumir largos años de reflexión, voy a
escoger dos o tres, o cuatro o cinco, llenas de
originalidad y diferenciadas por sutiles matices.
Judío y basta.
Francés y basta.
Napolitano y basta.
Gallego y basta.
Alemán y basta.
Argentino y basta.
Y basta. Estas frases sirven admirablemente y todos los
días al hombre de la calle para dejar establecidas las
superioridades del genio de la nacionalidad sobre toda
clase de competidores. No hay, claro, una regla
inflexible para la aplicación de las apuntadas frases. La
filosofía del hombre de la calle es viva y como tal
cambiante. Pero puede encajar en los siguientes e
hipotéticos casos. Si se tiene noticia de que un
comerciante judío vende a diez lo que le costó cinco,
puede emplearse la frase No. 1. Si un súbdito de Vichy
o De Gaulle es de natural mariposón, la segunda viene
de perlas. Si se sabe de un napolitano poco generoso,
la tercera. La cuarta se usa en muy variados casos (ya
que por algo la Madre Patria es Madre); generalmente,
para los ejemplos de poca agilidad mental; y hago
constar que para el hombre de la calle es tan gallego el
que nació en Santiago de Compostela, como en Madrid
o las Canarias. La frase No. 5 es de empleo corriente
para algún alemán que cometa un acto de salvajismo.

Aunque desde unos años a esta parte cualquier cosa mala puede ser germanizada, sin preocupaciones. Y, para terminar, si usted conoce algún hermano argentino que sea ventajero para jugar o vanidoso en exceso, ya lo puede rematar con la frase No. 6 por más discursos de confraternidad que se hayan pronunciado o que se proyecten.

¿De acuerdo, verdad? Pero ahora viene lo bravo. Deje por un momentito lo que esté haciendo y mire alrededor. Se encontrará por paladas con nietos de Juan Moreira, más criollos que el tala, que compran a cinco y venden a veinte, que mariposean, que prefieren perder la familia y no un peso, que son más brutos que un par de botas, que realizan toda clase de brutalidades, que juegan y viven con trampa y que no revientan de vanidad porque tienen el cuero flexible. ¿De acuerdo, otra vez?

No, no es necesario dar nombres ni señas personales. Bien: ¿qué debe deducirse de esto? Algo muy simple y que volverá el alma al cuerpo a los lectores. Debe deducirse que el uruguayo es, a su vez, un hombre-síntesis, un ente-resumen, que compendia todas las cualidades del resto de la humanidad y que ya, casi casi, llega a ser el arquetipo del bípedo desplumado.

Grucho Marx, Juan C. Onetti, 1941

* estigma

Un estigma infamante cayó sobre el tango desde su origen: si era la danza de los humildes debía cargar con los siete pecados capitales que el patriciado del centro endosó ayer y endosará siempre a los pobres de los

suburbios, eternos chivos emisarios de las culpas propias y ajenas.
Daniel Vidart

* estruendo
Si no recuerdo mal, la fiebre por el ruido comenzó alrededor de 1995, con la publicidad y la música ordinaria en algunos supermercados, en los que yo me quejé y obtuve al principio algunos resultados, pero después ya no me hicieron caso y tuve que dejar de ir a los supermercados y hacer mis compras en comercios dispersos; luego la fiebre llegó también a esos comercios dispersos, y a todos los comercios de la avenida y sus alrededores, y a todos los bares y restaurantes y confiterías, y luego a los ómnibus (donde ahora hay también televisión) y a los taxis y finalmente a las calles. Debo decir que jamás oí de esos parlantes algún tema musical que valiera la pena. Pero aunque los temas valieran la pena, la forma de imponerlos es intolerable, es puro fascismo, un fascismo asociado con una subcultura subdesarrollada y oligofrénica. La Intendencia no solo tolera, sino que además participa activamente en esta producción de ruido estupidizante; y me imagino lo que será el país dentro de algunos años... el reino de la guarangada y la patota y seguramente de un nuevo terrorismo de Estado.
Mario Levrero

* eucaliptos
Paseos inmensos de eucaliptos, pero no de esos árboles con plumeros, sin corteza y mondos y lirondos que sole-

mos ver en nuestro país [España] (...), sino eucaliptos gigantes. Tan altos, tan espesos, tan arqueados como inmensas naves de catedral, que el sol quiere entrar en su espesura y no puede. El viento los mece como velas de un barco y las ramas suben tan alto que cuando les llega la savia ya no tiene el regusto de la tierra. Los hay en hilera, como gigantes, con los brazos caídos y extendidos. Unos se despliegan como nubes y otros son finos como tenues humaredas. También los hay abiertos como parasoles, y despeinados como locos. Y todos juntos forman grandes manchas de sombra que motean toda la llanura. Y las hojas que van cayendo las queman a montones, y aquel olor se fija tanto en la memoria que a partir de este día cada vez que respiremos humo de eucalipto, por muy lejos que estemos, recordaremos Montevideo.
Santiago Rusiñol, 1910

* eventualidad
Cada vez me convenzo más de que nuestro país es un azar histórico. Como todos los azares históricos es irremediable, si no lo corrige la Inteligencia. Nuestro destino material consistirá en ser un estado cada vez más insignificante, a medida que la potencialidad económica de los dos países que nos rodean vaya siendo más grande en el tiempo. No se puede prever la inconmensurable cantidad de posibilidades materiales y espirituales que encierran el Brasil y la Argentina. En cambio, sin la Inteligencia como característica esencial, lo nuestro será siempre pequeño, mísero, limitado.
Emilio Oribe, 1934; citado por Carlos Real de Azúa

* evocación

¿Qué se han hecho los zaguanes? Hasta muy entrado el siglo, no había casa sin ese pasillo de acceso, a veces con una cancel de hierro vedando la entrada de intrusos y perros. La arquitectura moderna, avara al máximo de la superficie, ha borrado la utilidad de ese recinto que fue algo de antesala, bastante de aduana y mucho de cómplice en amoríos urgentes y clandestinos.

Juan Filloy; citado por Leo Maslíah

* excepción

Alguien dijo que todo lo que es bello se ve menos bello cuando se le contempla por segunda vez. Por lo general es así: lugares, personas, cosas, todo lo que nos deslumbra un día luce menos bello al día siguiente. Todo, digo, menos Montevideo. Bella hoy, bella mañana, bella siempre.

Alberto Salcedo Ramos

* excepcionalidad

La gente en general nunca quiere que el Estado se meta (en sus negocios), salvo cuando le va mal.

Federico Slinger; citado por Álvaro Amoretti

* exclusividad

Gardel era un extraordinario intérprete de sí mismo, era el único papel que sabía hacer.

Antonio Pau

* exhorto
Con menos cogote se hace un puchero.
Se dice a quien hace alarde de un orgullo y altanería excesivos, advirtiéndole que sus desplantes están demás.
Juan Carlos Guarnieri

* exigencia
El tango es una danza antes que nada y sobre todo. Después se hizo camino para el canto, pero nadie puede bailar lo que canta Gardel; al Mago hay que escucharlo con el mentón en el puño, viendo llover despacio en las calles de la ciudad y de la nostalgia.
Daniel Vidart

* exiliados
Hay un exilio más amplio, más profundo que el alejamiento de un lugar, más radical y más insubsanable, porque no tiene posibilidades de regreso. Todos somos exiliados de algo o de alguien. En realidad esa es la verdadera condición del hombre.
Cristina Peri Rossi

* existencia
Todos venimos y nos vamos, y entre dos oscuridades tratamos de ejercer de alguna manera el oficio de vivir.
Mario Arregui

* explicación
La pobreza no es hija, sino madre, de la pereza. En suma, el criollo no es indigente porque es perezoso; sino

que es perezoso e indigente, por falta de trabajo, porque la sociedad en que vive no tiene medios para dárselo.

¡La pereza criolla! Ha sido siempre señalada como la causa matriz determinante del atraso de nuestra Campaña; madre de la pobreza y de todos los vicios que la han asolado y todavía la asuelan. Se confunde la causa y el efecto. (…)

La pereza criolla -sigámosla llamando así, pues algún nombre hay que darle para distinguirla de la pereza patológica- está y estaba, condicionada por el medio. (…)

¿Queréis una prueba, la más convincente, de que la pereza criolla no es una condición psicológica sino una mera consecuencia ocasional de nuestro medio, y que ella desaparece en cuanto se sale de éste? Ved esos mismos uruguayos radicados en la Argentina; en 1914 ocupaban ya el cuarto puesto en la escala de propietarios de nacionalidad extranjera (…).

La pereza criolla es una mentira revestida, por obra de extrañas circunstancias, con los aspectos de la verdad. Decid, más bien, miseria criolla, y entonces sí estaréis en lo cierto.

Julio Martínez Lamas, 1930; citado por Carlos Real de Azúa

* extrañar

Sin pensar, sin querer, obedeciendo a nuestra naturaleza de largos atardeceres, nosotros añoramos, lloramos algo que hemos perdido, aunque no hayamos perdido nada. Y el tango lo dice en todas sus formas.

Carlos Maggi

* extravagancias
La escasa retribución del trabajo, que nace de un concepto extravagante, que en iguales condiciones que el hombre, el salario de mujer debe ser más bajo, insuficiente mismo para sus necesidades primarias de comer, vestirse y alojarse (...)
Silvestre Pérez, 1930

* extraviado
Si yo supiera qué busco no tardaría tanto en encontrarlo.
Juceca

* facturas
(...) gauchadas que no se cobran, pero que casi siempre
se pagan (...)
Julio C. da Rosa

* falseamiento
(...) hay dos maneras de equivocarse: la primera es
concebir ideas falsas, la segunda concebir ideas
verdaderas pero llevarlas más allá del punto, del grado,
del término justo en que son verdaderas y buenas.
Carlos Vaz Ferreira

* fama
Esa persona es tan triste como un uruguayo contento.
Jesusa Rodríguez; citado por Juan Villoro

* faramalla
Don Tomás. – No sea usted ingrato. Le dejan a usted
atacar las instituciones a gusto de pluma, y usted se
aprovecha. Sabe que no le quemarán vivo, como en
aquellos siglos libres de farsa. (...)
Don Ángel. – No se juzga peligrosa la palabra. "¡Qué
aúllen!", murmuran los del cofre, "así se desahogan".
Las teorías subversivas son válvulas de seguridad. El
primero que intentara poner en práctica lo que aconseja
es brutalmente sacrificado. Las mordazas han caído, las
lenguas están sueltas, y las manos más encadenadas que
nunca. Han abierto un ventanillo en lo alto del
calabozo. Se ve el azul del cielo a través de unas rejas
tan sólidas como el muro en que se encastran.
Rafael Barrett, 1918

* fases

Cuando estoy escribiendo no existe el lector para mí, ni siquiera la posibilidad de que lo que escriba sea leído. En ese momento lo único que tengo es felicidad. Y como creo ya haberlo dicho, para mí escribir es como un acto de amor. Lo de "acto de amor" lo podés tomar en el sentido que se te dé la gana. (...)
Eso es un problema de la edad. Es posible que entre los veinte y veinticinco años me haya importado mucho que me leyeran. Hoy no me importa nada que se publique o no se publique lo que esté escribiendo.
Juan Carlos Onetti; entrevista de Jorge Ruffinelli

* feriado

Hoy nada de recuerdos, nada de pasado. Hoy, no quiero preocuparme de lo más mínimo. Lo he decretado día de fiesta personal. Mi primero de mayo.
Emilio Frugoni; citado por Jorge Enrique Villafañe

* filiación

En nuestro país sucede frecuentemente que al nacer un hijo varón algún familiar, a menudo el padre mismo, lo incorpora a los hinchas de determinado equipo deportivo. Insistentemente, con una tenacidad digna de mejor causa, y antes de que el niño pueda siquiera tener conciencia de lo que sucede, lo transforman en un fanático según la religión del adulto. Lo seducen, lo miman, le obsequian elementos que lo unen más y más a determinado grupo. La posibilidad de resistencia de un niño frente a este acoso es nula. Desde pequeño valorará todo lo que se refiera a esa religión. Creerá que

vale la pena adorar tales dioses. Y posiblemente repetirá el ritual con sus propios hijos. Y lo más interesante es que creerá que es su propia decisión permanecer fiel a su equipo. Y se sentirá profundamente satisfecho, sin protestar a pesar de que le cambiaron el deporte por el espectáculo. La posibilidad de jugar con los amigos por la de observar a un equipo de profesionales, sentándose en las gradas o frente a un televisor...
Fernando Mirza

* filosofar
(...) que se razone y se discuta para averiguar la verdad, no como discuten ordinariamente los hombres, esto es, para triunfar.
Carlos Vaz Ferreira

* formación
(...) siempre hay que robar lo que otro sabe (...) Yo me he dado cuenta que todos aprendemos de todos un poquito y otro poco de nosotros mismos, pensando.
Ruben Lena

* formalistas
La rara monomanía constitucionalista (que da en hacer y deshacer constituciones) nota obsesiva de la política nacional, es el síntoma más preciso y elocuente de que el país ha vivido acicateado por la conciencia culpable de no ser comunidad. Por ello, invirtiendo los términos, ha desarrollado como formidable mecanismo de compensación, la ficción institucionalista de la que

ha esperado con una confianza mágica en el poder de
la razón, que produjese el orden social, las formas
estables, justas y dinámicas de la relación humana.
Luis H. Vignolo, 1958; citado por Carlos Real de Azúa

* fortaleza
Rotos pero enteros.
Mario Benedetti

* fracaso
Siempre he pensado (…) que quien pierde su capacidad
de indignación está irremisiblemente perdido.
Ernesto González Bermejo

* frio
(…) allá por el mes de junio, cuando el año comenzaba
a ponerse el sobretodo y se insinuaban aquellos
primeros sabañones, que yo no sé qué se habrán hecho
porque ya no se ven orejas que los ostenten (…)
Víctor Soliño

* frontera
Iván [Kmaid] había nacido en una frontera seca que es,
como se sabe, lugar que propicia intercambios, mezcla
de culturas, escuela de esa sociabilidad siempre
interesada que practica el comerciante, y que ha sido
desde la cuna de la historia un factor de civilización y
de cercanía entre gentes y pueblos. Cuando no es tierra
de odios, enseña a aceptar la diversidad y a entender al
otro, forja hombres abiertos, atentos a otros idiomas y
costumbres, a distintas formas de vivir y de ver la vida.

En Rivera, la frontera con Brasil es antes que nada una gran tienda, un lugar donde la gente se encuentra, conversa y se conoce, además de negociar aquello que se busca y se ofrece. Una escuela de convivencia y tolerancia que a Iván, según me parece, lo marcaría.
Jorge Burel

* frustración
Hay un escritor mexicano, Fabio Morábito, que evoca el término "trópico uruguayo". Habla de "el país triste e intelectual" que quiso ser trópico, pero no llegó.
László Erdélyi

* fuente
Y es curioso: las gentes, cuando citan un "dicho" de alguien, dicen: "como decía aquél". Y es suficiente, ¿no? Las carreras y las autoridades se desbaratan de un plumazo. Nada de marcas registradas, ni prestigios, ni premiados aquí o allá.
José Jiménez Lozano

* funambulistas
(…) me parecen igualmente rechazables el político que se mantiene aferrado en forma rígida y ortodoxa en una postura que presume anacrónica pero que no la cambia por nada ni por nadie, como el político que adopta una estrategia meramente adaptativa, sin arraigo en tradiciones ni compromisos con el futuro, que cambia permanentemente porque lo único que le interesa es adaptar todo su discurso y su acción a lo que la gente supuestamente quiere. Ambos me parece que están

perdidos en una perplejidad y en una impotencia muy hondas.

Gerardo Caetano; citado por Álvaro Amoretti

* funcionamiento

El hombre deja de ser hombre cabal y degenera en productor y consumidor enajenado. Los más hábiles, los más inescrupulosos, aprovechando tan propicia coyuntura, se instalan en los lugares estratégicos y empiezan a servirse de los otros hombres, a fabricar hombres útiles para sus designios. Cuentan para ello, en primer lugar, con la alfabetización universal, con esa instrucción al barrer que había nacido de la confianza en un hombre genérico y en una razón apta para todo servicio; desarrollan en consecuencia las técnicas de la sugestión, de la propaganda, el envilecimiento, el ador- mecimiento y la falsificación paciente y cotidiana: nos van fabricando así una sensibilidad adaptada a los grandes intereses de que dependen. El hombre se vuelve dócil teclado, consumidor obediente de cosas, opiniones y pasiones. Sus sentimientos, paralelamente, se vuelven cada vez más groseros; necesitamos cada vez más del escándalo, de lo sensacional. El hombre se aleja de su naturaleza real, de sus relaciones sencillas y verdaderas con el mundo para el cual ha sido creado; se convierte en cifra, se une en sociedades lo más anónimas posibles, en sindicatos, Estados y Partidos cómodamente manejables; el matrimonio se vuelve "sociedad conyugal"; la amistad se rebaja a camara- dería; la casa habitación se convierte en alvéolo de colmena en rebanada horizontal de rascacielos imper-

sonal; hasta el rancho pierde su alma humilde y verda-
dera y se convierte en hacinamiento de hombres-ratas.
El hombre se queda sin alma. Un día cualquiera se
restriega los ojos y no ve más rostros, ni siquiera el
suyo propio, son máscaras. Pobre de él si despierta.
Pero si no despierta, pobre de él.
Washington Lockhart, 1961; citado por Carlos Real de
Azúa

* funcionariado
Si el número de funcionarios públicos crece
constantemente -¡y cómo!-, es por razones más
objetivas y más decisivas que la simple demagogia de
los partidos políticos. Es, creemos -sin prejuicio de
causas laterales-, porque la actual estructura del país no
ofrece otra salida que la función pública, a una parte
creciente de las generaciones que llegan a la edad de
actividad. Un hecho es bien sintomático al respecto:
todos están contestes en afirmar que el funcionario
público está mal remunerado, lo que no impide que el
"hambre de ser funcionario" provoque una tremenda
lucha de influencias entre los innumerables postulantes
para cada puesto. Esa falta de salidas en la actividad
económica, esa necesidad de buscar la función pública,
de aumentar el sector terciario, alcanza, sobre todo, a
las clases medias que la concentración de los capitales
aleja de la industria, cuyas posibilidades en el medio
rural son limitadísimas y a las cuales el comercio -cada
vez menos-, la burocracia -cada vez más-, y las profe-
siones liberales -dentro de ciertos límites que en parte
no se separan de la burocracia-, dan la única posibilidad

de sostener una situación sin cesar amenazada. La demagogia de los partidos políticos no está tanto en dar empleos, como en la promesa, siempre incumplida, de no llenar las vacantes que se produzcan. Tal cosa sólo sería posible por la creación de nuevas fuentes de trabajo, lo que requeriría una profunda transformación. Aldo Solari, 1964

* fundamental
Para establecer la república, lo primero es formar los republicanos: para crear el gobierno del pueblo, lo primero es despertar, llamar a vida activa, al pueblo mismo; para hacer que la opinión pública sea soberana, lo primero es formar la opinión pública; y todas las grandes necesidades de la democracia, todas las exigencias de la república, sólo tienen un medio posible de realización: educar, educar, siempre educar.
José Pedro Varela

* ganas
El Diccionario define la gana como deseo, apetito, propensión natural a alguna cosa. En nuestro vocabulario platense tiene la palabra gana el significado de todo un estado de espíritu cuando decimos: no tuve ganas, me encuentro sin ganas, el día que tenga ganas, y más categóricamente cuando expresamos: No me da la real gana.
La gana no tiene una raíz intelectual (…) sino que obedece a motivaciones profundas, vegetativas, desconocidas generalmente por el mismo sujeto que la obedece. (...)
Sujetos de otras nacionalidades cumplen sus actos y voliciones dentro de un desarrollo meditado y lógico. La vida del sajón es tan racional como la exposición de un proceso geométrico. Nada queda librado al azar, a la interpretación, a los impulsos: todo está previsto y predeterminado. Otras razas lo supeditan todo al resultado económico y se cumplen actos o se dejan de cumplir según sean o no negocios. Muy distintas son las razones por las que el criollo determina sus actos.
Ando con ganas de escribir un libro —dice el escritor. Me están viniendo ganas de hacer un trabajo científico —expresa el médico. El día que me levante con ganas voy a contestar la carta de fulano. Ando con ganas de fundar una revista. No tengo ganas de trabajar.
Isidro Más de Ayala

* gauchada
¿Qué es la *gauchada*? No es meramente un servicio, una

colaboración. Es eso, pero además es la ayuda para cometer un acto ilícito, burlar una ley, obtener un beneficio indebido, escapar a una sanción. Un automovilista, por su culpa, ha provocado un accidente. Le pide al oficial amigo que hace el parte que le haga una gauchada: fabricando un testigo que diga que él venía por su mano, a escasa velocidad, tocó bocina, etc. Personas de bien hacen la gauchada como testigos de postulantes a la jubilación certificando servicios inexistentes. En las colas que se forman frente a las boleterías, un recién llegado, en lugar de ir a ocupar su sitio al final, se dirige a quien está primero en la ventanilla y le dice, al tiempo que le coloca en sus manos el dinero para las entradas: —¿Me hace la gauchada? El aludido, aun sin conocerlo, acepta porque sabe que él, a su vez, recurrirá en la oportunidad al mismo procedimiento. (…)

Porque siempre la gauchada es un delito, grande o pequeño, consagrado o no por el hábito burocrático: pedirle a un amigo de un Juzgado que "entierre" un expediente para librarse del pago de honorarios, de un expediente del Municipio para que no llegue la resolución negativa y obligatoria a un propietario o a un constructor. (…)

Tan generalizada está entre nosotros la práctica que aquí estudiamos que podría afirmarse que del mismo modo que todo el derecho civil actual se asienta en el Derecho Romano, todo el derecho jubilatorio en nuestro país tiene por base la gauchada. La gauchada que los testigos prefabricados le hacen al aspirante a jubilarse, como es de pública notoriedad y de fácil comprobación. (...)

Creemos innecesario aclarar que en la verdadera gauchada no interviene "la coima", la que le quitaría aquel elemento de desinterés material que le da el nombre. La participación de la coima convierte esta ayuda en un soborno, una compra o un pago, y ya esto no es en modo alguno una gauchada.
Isidro Más de Ayala

* gauchesca
Se sabe que la literatura gauchesca no es obra de gauchos, se sabe que detrás de toda página profesionalmente agauchada se encuentra siempre un escritor más o menos culto (aunque sólo sea con la mínima cultura necesaria para barruntar qué es literatura y querer hacer algo en ella) disfrazado en alguna medida de *crioyo 'e ley*. Existe una flagrante inautenticidad que sería torpe soslayar. Pero asimismo sería desacertado descalificar por eso al género en sí: a fin de cuentas todo género literario es artificial y, por otra parte, la inautenticidad no ha impedido –incluso, a veces, pudo haber propiciado- la creación de textos memorables. De todos modos, debemos reconocer que lo otro, lo auténtico, es el cuento de fogón (el que es literatura o se le asemeja, no el que se parece a historia o a periodismo).
Mario Arregui

* genético
El uruguayo es garronero, cree en la cultura de los vivos. Si te puede mejicanear algo, te lo mejicanea. Si se puede mandar un contrabandito, se lo manda.
Washington Abdala; citado por Álvaro Amoretti

* gestores
Las grandes obras las conciben los soñadores y las
ejecutan los administradores.
Julio María Sanguinetti; citado por Álvaro Amoretti

* glorias
El Uruguay, que en su momento supo ponerle el
mango a la pelota (...)
Omar Prego Gadea

* grafiti
En Uruguay vi esta pintada: "El patriotismo es
egocentrismo en masa".
Liniers; citado por Rodolfo Braceli

* gratitud
[Rafael] Barrett triunfó entre nosotros, y será siempre
recordado con admiración y cariño. Él nos ayudó a
vivir porque nos ayudó a pensar.
Alberto Lasplaces, 1918

* grillos
(...) Todo fue marcharse el sol, y empezar a brotar de
entre el pasto esos chirridos indescifrables producidos
por esos miles de insectos (...) Parece que la noche,
envidiosa de los himnos con que los pájaros acogen el
nuevo día, ha querido también formarse una orquesta,
pero si así ha sido, es menester confesar que sus artistas
desafinan de la manera más lamentable.
Sansón Carrasco

* grito
Guambia proviene de los orígenes del fútbol uruguayo jugado por ingleses. Cuando un jugador era encimado sin que viera a su marcador le gritaban "one behind you!". Lo que en criollo pasó a ser, por pronunciación, "guambia".
El viejo alerta del "te llevan".
Roberto López Belloso

* hábitos

(...) sin pretender totalizar, hay indicios de una nueva forma de ser social. Haciendo casi una caricatura, el nuevo uruguayo se anima a vestirse de manera más vanguardista, dejó atrás los tonos grises; los hombres van a catas en clubes de vino, pasean perros "de marca", se tiñen sin complejos para taparse las canas, cuidan la apariencia física, se depilan, se ponen prendas ajustadas, están al día con las nuevas tecnologías y usan accesorios que le hubieran significado un seguro ridículo una década atrás. El nuevo uruguayo parece más desprejuiciado estéticamente, menos provinciano. A las nuevas uruguayas les apasiona el fútbol (o el físico de los jugadores) y cambiaron el psicoanalista por clases de *spinning*, pilates o hacer terapia cultivando plantas aromáticas en el balcón. Ya no se preguntan tanto por qué, prefieren tenerlo ya. Estos nuevos uruguayos se informan leyendo las noticias en el celular, cambiaron las escapadas al Chuy por excursiones al glaciar Perito Moreno y compiten con sus pares en quién conoce más restaurantes temáticos y de comida internacional. En fin, dejaron atrás el ahorro para vivir por adelantado los "permisos" que tanto habían postergado.

Pero en este paquete de nuevo uruguayo también viene la impaciencia, la conducta de cliente en lugar de ciudadano, la prepotencia del que paga y manda, el alarde de no haber leído nunca un libro y cierto analfabetismo de buenos modales en un combo de falta de consideración por el otro y cierto sentido berreta de

la libertad individual (como botón de muestra pongamos el comportamiento en el tránsito).
Daniel Erosa, 2012

* habitual
En vez de "Sí", los uruguayos dicen "Es verdad", "Es correcto". El énfasis me sorprende. Sin embargo no dicen "Es mentira", "Es incorrecto". Se limitan al "No". La cortesía me alivia.
Andrés Neuman

* habituarse
Después de la estampa y el acento "pajueranos", ¿qué es lo primero de que tiene que despojarse el hombre de campo, al llegar a la ciudad, si quiere adaptarse a ella, si desea dejarse absorber por su ambiente, su ritmo, sus usos y costumbres; si decide convertirse en uno más de los individuos que la habitan y en igualdad de condiciones? (…) debe despojarse de la timidez, de la ingenuidad, del rubor, de la vergüenza, esas huellas que dejaron en su espíritu la educación y el paisaje. Debe "avivarse" y rápidamente. "Gil", "punto", "belinún", "estratosférico", "abombado", "idiota", "bobo", "buenas noches", "nabo", "banana" son los calificativos con que se premia en la ciudad, al individuo que, por "paisano", por creer en la honradez de los demás hombres, se deja "punguear" en el ómnibus, matufiar en el peso, en el precio o en el cambio, "ensartar" por el "programa", "engatar" en la "ganga".
Julio C. da Rosa

* Hachero

Como muchos grandes escritores, Julio César Puppo encontró, en el periodismo, la manera más eficaz para expresarse. *El Hachero* — seudónimo que lo identifica más que su propio nombre— remite a sus inicios como periodista deportivo. *"Este nombre se da en el fútbol al que prefiere emplear el juego ilícito, al margen de los reglamentos. Lo he adoptado porque yo también empleo un lenguaje —ese mismo lenguaje popular— que podría calificarse de ilegal, gramática en mano. Soy pues, un hachero de la literatura, Y no me acuso de ello; simplemente informo".*
Alicia Torres

* hartazgo

Estoy harto que los uruguayos se quejen, estoy harto de quejarme yo y de tanguear la vida.
Carlos Maggi

* hazaña

(…) a falta de un proyecto nacional querible y creíble por todos, los uruguayos nos retroalimentamos con las glorias del pasado, escuchando en los aniversarios "el disco de Maracaná". Treinta y siete años después, Ghiggia (si hemos de creerle a Solé) sigue eludiendo a Bigode, que ya tiene nietos grandes, y sorprendiendo a Barbosa y al mundo entero con su shot rasante. ¿Que ya somos otros, otro el país y otro ese mundo entero? Es verdad, pero la memoria, hambrienta de mimos, trabaja a destajo y extrae imágenes queridas de sus bolsillos insondables.
Hugo Alfaro, 1986

* herida

(...) la letra del tango *Mano a mano*, en un pasaje donde un hombre del pueblo se dirige a su amante de otros tiempos, que ha triunfado y es ahora la querida de un magnate. Y a ella le reprocha el hombre del pueblo en su lunfardo: *"Los morlacos del otario los tirás a la marchanta"* (Los billetes del gil que te mantiene, los despilfarrás a tu antojo).
Daniel Chavarría

* hipótesis

Y pocos pueblos con tantas razones para ser conservador que el uruguayo. Para ser legítimamente conservador. Hasta ahora, aquí, el conservatismo ha tenido mejores razones que la aventura. No vamos a repetir los elogios en que el uruguayo se ha autodeleitado. Es cosa que va deslizándose paulatinamente en las sombras del pasado. Sin embargo, los factores estáticos son aún más poderosos. Tenemos las clases medias y populares en que está más extendida la propiedad habitación. La vivienda propia es realidad para una proporción gigantesca del pueblo uruguayo. Y esa paradójica masa de "propietarios-asalariados" no propende por cierto a la movilidad, el bien inmueble no es afecto a lo mueble.
Alberto Methol Ferré

* historial

(...) la desesperante banalidad de nuestra prensa diaria.
Alberto Lasplaces, 1918

* histórico
(…) las timbas son porfiadas porque obedecen a esa
necesidad de apostar, casi visceral, que tiene el hombre.
Estoy seguro de que Adán le dijo a Eva:
-Te juego lo que quieras a que me como la manzana…
Ignacio Domínguez Riera

* homogeneidad
Julio Herrera y Reissig en 1902, en su *"Tratado de la
imbecilidad del país por el sistema de Herbert Spencer"* ya
reaccionaba contra esta rigidez de los escasos modelos
de conducta, de aspecto, o de vestimenta admitidos:
*"Un elegante que tenga en nuestro país la osadía de vestirse con
originalidad, luciendo un sombrero que no es del gusto de los
uruguayos o una corbata que sólo se usa en París, está expuesto
a que lo silben públicamente, y desfila ante la aristocracia de la
calle Sarandí en medio de una avenida de risa, acribillado por
una consternación curiosa de semblantes pálidos, de protestas
gesticuladoras, de chascarrillos infantiles [...] de carcajadas
sinfónicas que se alzan en caso vociferando: está loco, es un
ridículo; debían llevarlo preso; esto es un escándalo [...] y no falta
quien hable de prodigar al elegante una paliza...".*
José Pedro Barrán

* horizonte
Nunca tuve lo que los psiquiatras llaman proyección de
futuro. No sé, a veces alcanzo a ver hasta el día de
mañana pero hasta por ahí nomás.
Mario Levrero; citado por C. Aran y Pablo Silva
Olazabal

* Huella

Este grupo no pretende demostrar nada, sino mostrar. Mostrar una pequeña organización social fundada en otros valores que los que propone e impone la sociedad uruguaya actual y tantas otras, similares. Una experiencia evangélica, en la que la vida comunitaria posibilita la relación personalizada, el respeto absoluto del otro, la abolición de las jerarquías, de la propiedad privada y de los roles prefijados, esos por los que la mujer debe lavar platos y los hombres trabajar fuera. Y en el enorme panorama de la injusticia hemos elegido al niño abandonado. Ese para nosotros es el rostro concreto del pobre. Lo hemos traído a casa, para que esté con nosotros, viva con nosotros y vaya haciendo su penoso proceso de hacerse persona. Hacerse hombre desde dentro y con nosotros.
Luis "Perico" Pérez Aguirre, 1984; entrevista de Hugo Alfaro

* huérfanos

Como me dijo un viejo pescador amigo de Malvín, en una tarde sin pique: "No sé qué será de nosotros el día que se nos muera el finado Carlos Gardel".
Vicente Dumas Sottolani

* humilde

Mi memoria olfativa me lleva el malvón y su perfume áspero, el sufrido malvón que prefiere resguardarse en los patios de baldosas coloradas, en macetas de lata, ese proletario entre tanta flor pituca.
Juceca

* huraño

Cuando se afirma, como creo que ya se ha hecho, que el Uruguay es un territorio geográficamente delimitado donde conviven casi dos millones de soledades, se expresa, aunque exagerada, una verdad que no debemos dejar pasar inadvertida. Muchos rasgos de la vida nacional se gravan, efectivamente, con ese lastre de insobornable soledad interior que, quizá como herencia española, parece constituir el último substrato del alma del criollo. El tango, expresión genuina, aunque casi siempre pérfida, del alma popular rioplatense, es ejemplo incontrovertible de esto. Lo sentimos no sólo a través del plebeyismo de sus letras (que soportan casi siempre airosamente el conocido calificativo de "lamentos de cornudo"), sino en su música misma, la cual, aun contra nuestra propia voluntad, suele ejercer sobre nosotros una moralizadora sugestión ensimismante. Y el tango ensimisma porque él mismo es un producto de hombres ensimismados. (…) No es necesario más para afirmar que el criollo es un solitario por naturaleza. (…) Cuando el gaucho Martín Fierro nos advierte que, como el ave solitaria, el hombre desvelado por una pena excepcional, puede consolarse cantando, nos da la punta del hilo que conduce a esta forma de soledad. Por cierto que es posible afirmar, metafóricamente, que la actitud corriente en el rioplatense ante la adversidad es descolgar la "vigüela", encerrarse en sí mismo y cantar.

Arturo Sergio Visca; citado por Carlos Real de Azúa

* identidad

En la boca de extranjeros es frecuente escuchar que el Uruguay es el más europeo de los países de América Latina. Ellos lo dicen como elogio, pero uno a veces se atraganta con el mismo, sobre todo cuando se tiene el pueril orgullo de sentirse americano. Sin embargo, lo más probable es que esos europeos nos estén revelando una estricta verdad y, con ella, una de las razones de nuestras crisis culturales.

Mario Benedetti, 1958; citado por Carlos Real de Azúa

* imagen

Es que mi imagen avanza, desde hace tiempo, separada de mí. Claro está que no reniego de mi cara; y los lazos sanguíneos y legales que nos unen me obligarán siempre a salir en su defensa, con justicia o no (...). En cuanto a mí, hace muchos años que aprendí el arte de afeitarme al tacto, para evitar la opinión del espejo, para acudir al trabajo sin el peso de otra depresión.

Juan Carlos Onetti

* imperioso

(...) lo que la democracia necesita siempre, para no suicidarse estúpidamente, es instalar una destilería de valores en su corazón.

Carlos Benvenuto, 1929; cit. por Carlos Real de Azúa

* implicancia

En literatura -como en arquitectura- tamaño y calidad se implican en un nivel, hay una transposición.

José Pedro Díaz; entrevista de Jorge Ruffinelli

* imposibilidad
Los uruguayos sienten el fútbol como —casi— nadie,
pero no pueden gritar los goles como —casi— todos,
lanzando los brazos hacia arriba; si lo hicieran —me
temo— perderían el termo.
Martín Caparrós

* impotentes
Un amigo argentino Envar el Kadri, Cachito, muy
cerca del Uruguay y muy hermanado conmigo, que
murió temprano, me escribió una carta muy linda
cuando las dictaduras empezaron a desmoronarse. Me
decía: "No pudieron convertirnos en ellos".
Eduardo Galeano

* impresiones
Cuando visité Montevideo en 2001, a pesar de la
belleza del puerto, Uruguay me pareció un país de
tristes y de abandonados, un país viudo inconsolable,
un país de puertas y ventanas cerradas y casas
clausuradas. "Aquí ya no vive nadie". La embarcación
hacía agua.
¿Cómo iba yo a adivinar que triunfarían la inteligencia
y la esperanza?
Elena Poniatowska, en relación al triunfo de Tabaré
Vázquez en octubre de 2004

* imprevisible
El río Uruguay está lleno de lugares riesgosos (...) Se
corre una boya y uno puede quedar atrapado durante
días. Es un río misterioso, porque si hace tres meses

que usted no pasa, donde había agua ya no la
encuentra. El aluvión lo cambia todo. Muchos
prácticos se guían por algún árbol, una casita, la
configuración de la costa. Pero seis meses más tarde
está todo cambiado. El río se mueve y engaña.
Sergio Elena; citado por Carlos María Domínguez

* impronunciable
También nos caracteriza el amplio surtido de palabras
tabú. No decimos "cáncer" por temor a que el mero
sonido sea una invocación. Nos parecemos a esos
pueblos primitivos que mantienen en secreto los
nombres propios de las personas, por miedo a que su
pronunciación sea empleada por el enemigo para
apropiarse del alma del nombrado. (…)
Ese infantilismo que no permite nombrar las cosas so
pena de que se conviertan en realidad es un carácter
dominante de nuestra cultura, que se resiste a las
mutaciones y se trasmite verticalmente, como ocurre
con algunas enfermedades.
Carlos Rehermann

* impulso
Fuera locura,/ pero hoy lo haría.
Líber Falco

* impuntualidad
(…) cincuenta minutos de atraso es bastante, aun para
este país.
Mario Levrero

* inacabable
Carlos Gardel, aquel argentino, nacido en Francia, que
nos consta que es uruguayo (…)
Carlos Maggi

* inactual
Los mejor educados son siempre los mejor pagos.
Bastaría la constatación de esta innegable verdad, para
dejar demostrado que la educación aumenta la fortuna
del individuo.
José Pedro Varela

* inclinación
(…) en este país la muerte produce un interés inusual
por la obra del que se murió.
Mario Levrero

* incoherente
Ahorro. Esta es una palabra que no predica con el
ejemplo, empezando por esa *hache* muda que derrocha
al santo botón entre la *a* y la *o*.
Peloduro

* incompatible
Una cultura entra en crisis por la falta de actualidad de
los principios que la formaron, ante nuevas condiciones
de la realidad. En este caso, los viejos moldes no
resuelven satisfactoriamente la incorporación repentina
de masas, internas o externas a su área original, ni

defienden al hombre de los percances que ocasiona el empleo de los elementos tecnológicos en forma irracional o carente de sentido humanitario. Este es también nuestro problema.
Gustavo Beyhaut, 1956; cit. por Carlos Real de Azúa

* incomprensible
Siempre sentí admiración por don Francisco Piria, por su empuje, por su visión, por su temple de pionero. Pero nunca pude explicarme dos cosas: primero, cómo se le ocurrió formar aquella banda de criminales de la música para amenizar sus remates y, segundo, cómo, a pesar de ella, pudo vender medio Montevideo a plazos.
Víctor Soliño

* incongruencia
Para que queremos ser inmortales, si en una tarde lluviosa no sabemos qué hacer.
grafiti en Montevideo

* inconsecuencia
En este momento, diciéndonos partidarios del cambio, tenemos un aferramiento al pasado, un conservadurismo como no lo tienen los más conservadores de los conservadores.
Líber Seregni, 2001; citado por Álvaro Amoretti

* incorrecto
No es bueno construir el futuro del país sobre la base del olvido de muchas de las cosas que aquí han pasado, y que son excesivamente graves. No es bueno sentar el

precedente de que determinadas cosas pueden cometerse y quedar en la total impunidad.
Wilson Ferreira Aldunate, 1985; citado por Álvaro Amoretti

* incrédulos
(...) Porque resulta que a Artigas lo queremos pero no le creemos. Esto de que los más infelices sean los más privilegiados, es folclore.
Mauricio Rosencof

* indeterminaciones
Es posible que la costa ausente sea responsable de la relación especular que cada orilla tiene con el río [de la Plata], un falso mar que reduce el país vecino a lo invisible y alienta una ilusión de soledad frente al horizonte vacío. Los bonaerenses ven una pampa líquida de color ladrillo y los uruguayos un mar de aguas mezcladas, con franco olvido de estar delante del río más ancho del mundo y el tercero más caudaloso, detrás del Amazonas y el Congo. (...) No solo es capaz de mostrar furias marinas. Los bancos de niebla abandonan los buques a una blanca ceguera, el sur lo violenta y el viento norte lo fuerza a retirarse de las costas, y si las tormentas alzan olas de varios metros su lecho desplaza lentas pisadas de arena. Las corrientes mueven los canales y los colores del agua; incluso sus orillas, que debieran ser firmes, no se quedan quietas. Sin profundidad en la mayor extensión pocos lo considerarían peligroso, pero como advirtió el marino inglés que lo llamó "el infierno de los navegantes" su

fondo guarda centenares de barcos hundidos. Tumbas de paños y buques, también vino a serlo de incontables desaparecidos.
Carlos María Domínguez

* indiferenciado
Bien mirado, vivir o estar en Madrid no se diferencia mucho de vivir o estar en Tacuarembó.
Roberto Bolaño

* indigenismo
Mucho he aborrecido la estulticia y falsedad de este indigenismo nacional sublimado en la *Leyenda patria*, obra por cierto de un vate de estirpe patricia y nada indígena, apellidado Zorrilla de San Martín; talentoso empero. Yo estimo más honrado y mejor literatura el *Martín Fierro*, donde el gaucho epónimo y protagonista se despacha y habla pestes de los indios. Me da escozor y vergüenza ajena cuando los comentaristas deportivos elogian la garra charrúa de futbolistas que se apellidan Ghiggia o Francescoli; y sólo sobre mi cadáver, un hijo mío se habría llamado con nombres guaraníticos como Tabaré o Yamandú. Considero absurdo y hasta cínico reivindicar a aquellos indios despojados de sus tierras, exterminados por nuestros antepasados europeos y con quienes sólo nos relaciona un muy minoritario nexo étnico y cultural.
Daniel Chavarría

* indisoluble
No me puedo dejar quitar la grisura construida

laboriosamente en tantos años. Por algo vengo de la ciudad de Lautrémont, donde hasta los cómicos son un poco amargos: me acuerdo de Espalter.
Aldo Murillo

* indispensables
Hay lugares de Montevideo que parece no debieran desaparecer nunca, porque nunca se daría con un sustitutivo apropiado, que hiciera olvidar su ausencia. La Iglesia Matriz, la Universidad, el Hospital Maciel, la fuente de la Plaza Constitución, si un día desaparecieran, ¿con qué podrían reemplazarse sin que se extrañaran?
El Hachero, Julio César Puppo

* indudable
Uruguay, el país donde todos hubieran hecho mejor lo que otros hicieron. No importa cuando ni el rubro.
Álvaro Heinzen

* ineficientes
Fuera del país nos desconocen. La culpa la tienen principalmente nuestros agregados culturales que son simplemente agregados sin nada de culturales.
Juan José Morosoli; citado por Leo Maslíah

* ineludible
No hacer política es una forma de hacerla. No tener opiniones políticas es una forma de tenerlas. No realizar actividad política es una forma de realizarla.
Carlos Quijano

* inequidades
La propiedad privada es una gran injusticia. El mundo
puede decirse sin equivocarse, es de todos. El que viene
al mundo trae el derecho a poner los pies en él. Y, tal
como está organizada la sociedad, hay muchos que
nacen sin tener donde poner sus pies.
José Batlle y Ordóñez

* inevitable
(…) la emoción estética y la belleza no pueden surgir y
crecer   sino   a   condición   de   ir   excluyendo
proporcionalmente la necesidad y la utilidad.
Carlos Vaz Ferreira

* inexpresivos
(…) un aspecto de nuestra manera de ser, sin duda
herencia española. Nosotros tenemos un pudor, que es
tremendo, a manifestar nuestra intimidad en sus
aspectos delicados y tiernos. Nosotros, que tan rápida,
irresistiblemente salimos hacia afuera en ratos de furor,
de ira, de sentimientos agresivos, contenemos hasta lo
inaudito cualquier emanación, cualquier fluencia
delicada, cariñosa del corazón. (…) Y fíjate si no es
verdad lo que te digo: quieras que no, todavía estamos
con esa dura costra inhibitoria en el alma. Un ser puede
acompañarnos durante muchos años en la vida, y morir
sin saber hasta qué punto lo hemos querido. En el
ambiente familiar de la época en que escribí, y teniendo
yo en cuenta, asimismo, los testimonios del pasado
nacional, el hermetismo de los padres hacía sufrir a los
hijos; tanto más, naturalmente, cuanto más sensibles

eran estos últimos. ¿Y por qué no los querían? Bastaba cualquier circunstancia, sin embargo, por pequeña que fuera, capaz de hacer entrar en jaque al alma del padre con motivo de su hijo, para que se manifestara que era un padre idéntico al que todo hijo sueña que debe ser el suyo. ¡O más perfecto, aún! De manera que, para mí, siempre, siempre tuvo muchísima importancia, *Visita de duelo*. De las cosas que yo estoy, si no orgulloso, por lo menos plenamente satisfecho de haber escrito como contribución a la aclaración del espíritu nacional, es precisamente ese pequeño cuento una de ellas.
Paco Espínola; entrevista de Jorge Ruffinelli

* infaltable
El Chino, el Pájaro, el Fósforo, el Fideo, la Flaca, el Cabeza... En Uruguay nadie se salva, en algún momento de su vida, de llevar un apodo, y muchas veces ese tiene mayor importancia que el nombre original.
Marcos Gorbán

* influencia
Para la *muñeca* (...) no hay discriminación. Puede usarla un blanco, un pardo o un negro; un nacionalista, un colorado y hasta un comunista; un católico o un judío; un punguista o un diputado. La *muñeca* está al alcance de todos: basta con establecer el *contacto* con el *influyente*. Éste puede ser un jerarca, pero también un amigo del jerarca, o (sólo para demostrar la notable amplitud del área democrática) el peluquero o el sastre del amigo del jerarca. (...) gracias a la *muñeca*, el beneficiario de la misma obtiene un ascenso claramente injusto, o una

remuneración extra, o un tratamiento especial, o una beca absurda. Tener una buena *muñeca* es inconmensurablemente más ventajoso que exhibir un pasado de empecinada honestidad y probada eficiencia.
Mario Benedetti

* influenciable
(...) desde que se multiplicaron los manuales de divulgación científica y desde que las revistas traen notas sobre la trombosis, la úlcera al estómago, el cáncer y la angina al pecho, el tipo vive desesperado. Sacando la lengua frente al espejo, apretándose el costado, tomándose el pulso y pesándose. (...) La vaga noción anticipada que se adquiere acerca de los síntomas de la meningitis, sólo sirve para que el tipo se "sienta" atacado, no obstante provenir, su dolor de cabeza, del precio de los botines.
Wimpi

* inicio
Mi primer paso rumbo al comunismo lo di acicateado por la lectura de *Los miserables*, a los doce años.
Daniel Chavarría

* inigualable
El tipo es, sin duda alguna (...) uno de los espectáculos continuados (...) más entretenidos que se hayan logrado montar hasta el presente...
A pesar de todo, el tipo sigue siendo una posibilidad maravillosa. A pesar de él mismo.
Wimpi

* injusticia

Don Ángel. – (...) Un delincuente con dinero es digno de las amabilidades de los jueces y de los intelectuales. Su proceso es una fiesta. Su prisión es un hospedaje. Su presidio es un sanatorio. Se trata de un aliado comprometedor, pero aliado siempre. Se trata de un rico. En cambio el vagabundo da miedo, y para él no hay piedad. Es el espectro de la justicia. Es el remordimiento vivo. Es preciso concluir con él. Por eso a más de encarcelarle y de espiarle, se le tortura.
Rafael Barrett, 1918

* injustificado

Hay gente que le tiene miedo a la Muerte, decime vó, ¡como si tuviera que vivirla!
El Pulga

* inmejorable

Quizá la profesora Spadachino (...) tuviese razón con su aserto sobre el tango: "apología del cornudo". Pero qué importa. Para mi, que nací en una época equivocada, que vivo en el pasado, que padezco el presente y que me desentiendo del futuro, no hay nada mejor que el tango.
Fernando Aparicio

* inmerecido

Quien no haya sentido el misticismo tanguero de la cintura para arriba y el garabato canyengue de la cintura p'abajo, no merece haber nacido en el Río de la Plata.
Urta Melián; citado por Juan Jorge Ravera

* inmune

[el padre Cacho] tenía también una gran capacidad de enfrentar el fracaso, nosotros le decíamos: "¿Cacho vos tenés una vacuna contra el fracaso?"
Mery Larrosa; citado por Julio César Romero Magliocca

* innegociable

(...) [Iván Kmaid] no se prestaba a acomodar el cuerpo; esas contorsiones le resultaban impracticables.
Jorge Burel

* inocencia

"Montevideo era irrepetible maravilla y nuestra juventud era tan tonta que creía que eso era la realidad", dijo Flores Mora en 1978. Más allá de esa idealización, parece cierto que la intelectualidad del 45 estaba satisfecha de sí misma. El tiempo libre y el trato directo permitían la supervivencia de los círculos y los encuentros en el café Metro, el *Sodre*, las salas de cine o de conferencias.
María de los Ángeles González

* inolvidable

Era muy niño cuando descubrí que la gente se moría. Eso no lo he olvidado nunca; siempre está presente en mí.
Juan Carlos Onetti

* insuficiente

(...) un país no podrá considerarse del todo culto sólo por sus creadores y la vida espiritual intensa de los

menos, mientras los demás habitantes, a partir de la adolescencia, no conozcan relativamente bien obras maestras de Arte, Filosofía, Ciencias y Religión.
Clemente Estable, 1947; citado por Carlos Real de Azúa

* integrados
(...) perdiéndose después en el anónimo colectivo de la adaptación burguesa, cortados el pelo y los ideales por la misma tijera fría del desengaño (...)
Alberto Zum Felde

* intemperie
Con sabiduría que los historiadores tenemos que envidiar, dice Daniel Gil que cuando tambalean el Trono (el poder del Estado), el Altar (el poder de la Iglesia y la fe), y la Academia (el poder del saber científico, la Verdad hoy admitida) la sociedad siente pánico.
José Pedro Barrán

* intemporal
El tiempo en la memoria es siempre contemporáneo. (...) La memoria no se envejece. Si vos invocás al botija que fuiste, de pantalón corto y jugando a la bolita en la vereda, fíjate. Está igualito. En la memoria no se envejece.
Mauricio Rosencof

* interacción
Pero en verdad, son las preguntas que hacemos al pasado las que están cargadas de nuestro presente, por

cuanto de él provienen, a él responden y a sus angustias y temores se deben. (…) Es el presente el que nos obliga a reinterpretar permanentemente el pasado, a verlo de maneras sucesivas.
José Pedro Barrán

* interés
¿Cómo te va? ¿Cómo estás? Nadie usaba éstas y otras fórmulas semejantes como él [Líber Falco]; él, de verdad, preguntaba.
Mario Arregui

* interpelación
En los muros del Instituto de Profesores Artigas, leo la siguiente pintada: *Porque están muertos los que deberían estar vivos; y de vivos, sus asesinos.*
Andrés Neuman

* interrogante
El día que en este país se terminen las gauchadas, no sé qué va a ser de él.
Oscar Magurno; citado por Álvaro Amoretti

* intimidades
Ser ropero, fue siempre un puesto de confianza.
Carlos Maggi

* intriga
Estoy esperando que la huesuda venga a buscarme pa recibirla bien mamao (…) Y ahora me dedico a chupar todo lo que puedo. ¿Qué querés que haga si por ahí

anda la que te dije tratando de entrar? ¡Más vale que
disfrute lo que me queda! (...) ¿Vos no sabés si en la
otra vida hay boliches?
Wenceslao Varela; citado por César di Candia

* introducción
Me llegan recuerdos que mueven toda mi identidad y
me crean un estado emocional muy particular. Por eso
puede ser que no logre decir lo que quiero, impedido
por lo que siento.
Luis Gil Salguero ante la muerte de Paco Espínola;
citado por Daniel Gil

* inviable
No pasó de una simple frase simbólica aquella que dijo
Artigas al expresar que cuando se acabaran sus
hombres pelearía con perros cimarrones, porque los
perros se lo hubieran comido a él mismo. (...)
Ya en el siglo XVI, López de Gómara, Hernández de
Oviedo y otros historiadores de Indias hablan de la
multiplicación de estos animales y de los destrozos que
causaban en ganados y sementeras, al punto de ser
necesario poner precio a sus cabezas.
Julio Silva Valdés

* invicto
Nunca perdí un partido antes de jugarlo.
Obdulio Varela; citado por Jorge Valdano

* invitación
El Tape Silveira (...) le había advertido a Tola

[Invernizzi]: "Vos naciste para mito, no te quedes en anécdota".
Carlos María Domínguez

* irreverente
La tan llevada y traída "sangre charrúa" es una idea-fuerza, un mito piadoso de nuestro orgullo nacional. (...) Y este mito doméstico adoctrinó a las jóvenes generaciones en las virtudes enérgicas del machismo, de la "pata ancha", de la agresividad telúrica, del músculo que quiere compensar, resentidamente, la falta de inteligencia o la ausencia de razón.
Daniel Vidart

* juegos

(…) se jugaba al "tipoteo", "verdad o consecuencia", o se pasaba el tiempo quemando con un cigarrillo una servilleta que sostenía una moneda y tapaba un vaso (…) hasta que la moneda depositada en el centro del papel caía al fondo. Este hecho, de acuerdo a quien había provocado la caída, daba lugar a hacer cumplir una prenda, con las consiguientes bromas del caso. Una diversión de una ingenuidad única.
Enrique Piñeyro

* juntos

(…) la conjunción profesor-escritor tiene que ver con la personalidad entera. El escritor es un hombre solitario, la *zona* del escritor es la zona de la intimidad más absoluta, de la soledad más tremenda. Hay personajes que somos de sístole y diástole. Y como usted sabe, la enseñanza es un estupendo modo de relación humana, porque nos relacionamos en lo mejor, en lo que más nos importa. De manera que desde el punto de vista vital, sicológico, esa unión es el equilibrio para la relación humana, permite salvar quizá algo de las neurosis que podrían ser demasiado fuertes en el escritor. Aunque, naturalmente, la condición de escritor comporta una dosis adecuada de neurosis. Si no, ¿cómo se explica que alguien se desespere encima de bloques y bloques de papel?
José Pedro Díaz; entrevista de Jorge Ruffinelli

* justificación

La ruleta debe ser el juego que genera más trastornos psíquicos, desvanecimientos, infartos y suicidios. Pero de algo hay que morir, filosofa el timbero (la frase es capicúa: de algo hay que vivir, también).
Hugo Alfaro

* lácteo
Este país tendría que ser una gran lechería.
Jorge Batlle; citado por Álvaro Amoretti

* lealtad
El vínculo era tan profundo [en el Novecientos] que muchas (…) familias de adhesión político-partidaria probada, consideraban una traición merecedora de la expulsión del calor y la protección de la estirpe, que alguno de los hijos cambiara la divisa de la familia por la opuesta.
José Pedro Barrán

* lección
No me avergüenza llorar. Hace años que superé aquello de que los hombres no lloran. Lloran, muchas veces tienen que llorar y lloran, y si no lloran se joden por dentro, se oxidan por un llanto no derramado.
Juceca

* lectores
Actualmente hay más lectores, pero se lee menos. Hemos oído a un joven quejarse de Thomas Mann; *no es un escritor para nuestro tiempo. Yo necesito libros breves, ágiles, que puedan leerse en un par de viajes de ómnibus. No puedo dedicarle un mes a un libro (…)*
Roberto Ares Pons, 1954

* legalidad
El derecho es así: su fin es obtener la realización de un

principio de justicia, pero si ese derecho se convierte en una fórmula tirana, cuya aplicación e interpretación se hace con prescindencia de la justicia, el derecho ha perdido ya su única función y pertenece sólo al dominio de una técnica apartada de la vida social.
Antonio M. Grompone, 1932; citado por Carlos Real de Azúa

* legendaria
(...) había olores de todos los colores. (...) Los predicadores del cielo proclamaban que era llegada la hora de la resurrección; los de la tierra anunciaban la hora de la insurrección. (...)
Había largas hileras de zapatos usados, muy gastaditos, con la ñata alzada y la boca abierta. Los zapatos se vendían por pares y también de a uno, zapatos solos para gente de un solo pie. Había lentes usados, llaves usadas, dentaduras usadas. Las dentaduras yacían dentro de un gran tacho de agua. El cliente hundía el brazo, elegía y batía sus mandíbulas: si la dentadura no le venía bien, la devolvía al tacho.
Eduardo Galeano en relación a la feria de Tristán Narvaja; citado por Ana Ribeiro

* liberación
El candombe libera de las cadenas de la tristeza, de la miseria, de la opresión. (...) Es la expresión del sueño de libertad de los negros. Eso es el candombe para mí.
Rosa Luna; citada por Ettore Pierri

* linaje
Se necesita el doble de talento y de trabajo para triunfar en nuestro medio con un apellido común que con un apellido extranjero que parecería de rigor para imponerse. Martínez, Pérez y González cobrarían mucho mayor prestigio siendo Martinsky, Pereschoff o Gonzalowsky.
Isidro Más de Ayala

* llamado
Alcanza ver el estado del mundo para saber que los uruguayos deberían cuidar mucho a su país, más allá de su ideología, preferencia política, religión, opción deportiva o estado del alma. Sin perder sentido crítico.
László Erdélyi, 2025

* lógica
Pa morir no hay como estar vivo.
Se suele decir cuando se inquiere sobre las causas de la muerte de alguien. La sentencia pretende llevar al doliente la resignación y el consuelo.
Juan Carlos Guarnieri

* lucha
El pasado es un territorio de lucha entre memorias enfrentadas. Intento aportar a una cierta corriente de memoria que se enfrenta a esa otra operación que, desde el Estado y cierta parte de la sociedad, impera en Argentina, Uruguay, Chile; esa que trabaja por el olvido. Yo intento modestamente hacer fisuras en ese muro de olvido.
Virginia Martínez; citado por Virginia Arlington

* luchador

Las causas en las que creo y que son derrotadas son las que me impulsan, porque gracias a que las defiendo puedo dormir tranquilo. No me siento derrotado en cuanto a mis creencias ideológicas y voy a seguir luchando por ellas. Sin éxito, eso sí.
Mario Benedetti

* lugares

Aprendió también Dominga Carmona, que sobre la inmensidad de la tierra y bajo la inmensidad del cielo, hay rinconcitos de tierra con sus correspondientes redondeles de cielo, que valen ellos solos mucho más –pero mucho más- que todo el resto. Y que en uno de esos rinconcitos, con nada más que un rancho, unas pocas cosas y unos pobres bichos, bien merece la vida ser vivida.
Julio C. da Rosa

* madurez
Se conoce como "sentar cabeza" a dejar de hacer los disparates propios de los jóvenes, para comenzar con las barbaridades propias de los mayores.
Juceca

* maestro
Onetti es un escritor que inspira a los otros escritores. Lo que se llama en inglés, a "writer's writer": o un escritor de escritores. Novelistas de indiscutible prestigio, desde Carlos Fuentes hasta Julio Cortázar, lo han citado no sólo como una inspiración, sino como uno de los manantiales de la literatura latinoamericana del siglo XX.
Andrés Hax

* majuga
El Bajo de Montevideo era una concentración con bien ganada calificación de excepcional, de malandraje, hampones, canfinfleros de alto vuelo y cafiolitos de arrastrón, cuchilleros, pegadores, soñadores, poetas, payadores, guitarreros, vicio, crimen y otras minucias afines.
Diego Lucero

* maneras
(...) está claro que los grupos de presión no sólo operan sobre el discurso político, sino que tratan incluso de formar la agenda del sistema político. A veces de forma tosca, como puede hacerlo un

sindicato, y a veces con la sutileza con la que puede actuar un lobby privado.
Agustín Canzani; entrevista de Álvaro Amoretti

* manifiesto
Y el arte no está para servir necesidades sino para crearlas...
Alfredo de la Peña; citado por Jorge Pignataro

* manoseo
Cada vez que un político, un clérigo o un educador juega con el dolor de los demás y ofrece lo que sabe que no es solución, está manoseando lo más sagrado que tiene la sociedad: la esperanza de que un día podríamos llegar a ser más humanos.
Luis "Perico" Pérez Aguirre

* mantenimiento
(...) juntarse, a mirarse las caras, "parar rodeo" de soledades, a "engrasar de prosa" las relaciones resecas, a recalentar las amistades frías de tiempo y de chismes; "a borrar y empezar de nuevo".
Julio C. da Rosa

* marcha
Le emigración de los uruguayos implicó un impacto demográfico. Se ha estimado un saldo neto negativo de 310.000 personas entre 1963 y 1985, equivalente a 12% de la población media del período; se estima que la emigración abarcó a 20% de la población activa. Las tasas netas de emigración alcanzaron niveles máximos

entre 1972 y 1976, evidenciando la incidencia del agravamiento de la crisis política y del advenimiento de la dictadura militar en 1973.

Adela Pellegrino; citado por *La Diaria*

* Mario

Mario [Costa] se movió, tal como lo había aprendido, forzando "lo posible", actitud por otra parte muy freiriana. Empujando el realismo hasta los bordes de la esperanza, para poder conectar esa esperanza con la remoción de los obstáculos que sin ella se percibían como insalvables. Creyendo es más fácil transformar lo real.

Mario Mazzeo

* matecéntricos

El mate es un pasatiempo, sin ser una distracción (…) Quien lo vea como el síntoma de una pereza estéril, se halla contaminado por los valores demoníacos de una época que ignora el ocio fecundo y las virtudes de la contemplación. El cine, la radio, los espectáculos deportivos, la confusa baraúnda que *divierte*, distrae de sí mismo y de su verdadera vida al hombre, esa estéril agitación con que se destruye, parecen más compatibles con el industrialismo. Condenada está la civilización donde el mate no halle cabida. (…)

En las tierras de la cuenca del Plata, la pampa y la ganadería cerril hicieron al hombre huraño y solitario; se ignoró el requiebro galante y la sensualidad; los sexos se polarizaron, agudizando su natural enemistad. ¿Cómo pudo la mujer vencer el hábito errante del hombre y constreñirlo a la domesticidad? Acostarse juntos pudo ser el momento de la mera codicia, cuando tomaron mate juntos fue más bien el momento del amor. Cada hombre llegó a sentir que no poseería realmente a una mujer hasta que ella le cebara mate a él, a él sólo, una indefinida sucesión de madrugadas y atardeceres. Así el caballo perdió la partida. Aún hoy, son las largas horas del mate las que retienen al criollo en el ocio hogareño y mitiga la tradicional hostilidad a lo femenino que lo lleva a preferir la rueda del boliche. A veces, condesciende tanto con la compañera, que toma mate dulce. (…)

Se ha ensalzado al mate por sus efectos diuréticos, se le ha proscrito como agente de contagio. Existen otros puntos de vista. Subestimo los bacilos que trasmite, ante el amor y la amistad que estrecha su vaivén. El mate fue otorgado por el Señor al hombre para que se sintiera menos isla en medio de la pampa. Desde siempre y en todas partes, el fuego reunió a los hombres a su alrededor. El mate prolonga esta reunión y es como un solo corazón común para quienes participan en su rueda. Una sociología rioplatense podría tomarlo como punto de partida. Crea normas de convivencia y límites a la expansión del yo. "La rueda viene así", dice sacramental el cebador, y su ademán circular frena la impaciencia egoísta. Ahuyenta la fatiga, templa suavemente el cordaje nervioso como a una guitarra, despeja la mente y la torna propicia a la evocación y al diálogo, a la narración y a la docencia. El pensamiento torturado se apacigua, haciéndose lenguaje, en la confrontación de las vidas que el mate reúne en un mismo remanso.

"Hierba bendita, consuelo del soltero"; las palabras de gratitud que el poeta inglés dedica al tabaco, pueden referirse al mate con plena exactitud. Porque así como anuda compañías, afirma y da ternura a la soledad. Yo veo a ese hombre innumerable cuya solitaria madrugada conforta el rumor del primus; su llamita azul reedita para él inmemoriales hogueras, alimentando la mínima confianza y alegría que la vida requiere. Lo veo en las tardes, al retorno del trabajo (el momento de Sísifo) en la felicidad del rencuentro, tónica y amarga como la infusión que lo ayuda a despojarse de la fiebre, superando a la ciudad y a la naturaleza en la ardua paz de su alma. A veces, en el naufragio sereno de la angustia, cuando el hombre otea su pampa interior, suspendido sobre la nada, el tierno calor que el poro difunde en la palma de su mano es el único madero que lo mantiene asido a la vida y a la esperanza.
Roberto Ares Pons, 1951; citado por Carlos Real de Azúa

* materos
Tantos uruguayos —más hombres que mujeres— llevan el termo con el agua del mate incrustado en el sobaco izquierdo, como si fuera un termómetro pero sin metro, y el mate mismo en esa misma mano, y son campeones absolutos en el arte imposible de cebarlo con ese solo brazo, sin dejar de, digamos, manejar la bici o palmearte la espalda con la otra.
Martín Caparrós

* matizando

La democracia no garantiza buenos gobiernos, garantiza gobiernos legítimos.

Luis Alberto Lacalle, 1989; citado por Álvaro Amoretti

* medianía

Hay un decir –si no popular, muy extendido, que sostiene: en Uruguay está prohibido triunfar y también fracasar.

Hugo Achugar; citado por Leo Maslíah

* medicina

Si algo enseña el camino a tranco de buey es a tener paciencia y para él no había en el mundo un almacén más surtido de remedios que la paciencia.

Julio C. da Rosa

* medida

[Carlos] Quijano no tenía dudas de que el optimismo era una epidemia grave entre los uruguayos de mitad del siglo pasado: *"El país tiene que elegir entre seguir viviendo en una euforia artificial que pueda tumbarlo en el futuro o disponerse desde ya, con todos los inconvenientes que ello provoque, a iniciar su cura".* Pero no se hacía ilusiones: *"sabemos que los gobernantes elegirán lo primero. Es más fácil. No exige autoridad ni reflexión".* Aquellos eran *"momentos de bovina euforia".*

(...) podría ser útil hilar más fino con la cuestión del "optimismo", que con el diario del lunes resulta siempre tan ingenuo como su antónimo. Tampoco está claro que el pesimismo sistemático largamente

cultivado por los uruguayos haya ayudado en algo a salir del pozo.
Salvador Neves

* melancolía
(...) aquellos muchachos algo locos, pero de corazón bien puesto (...)
Víctor Soliño

* merecimientos
Una noche, Juan Carlos Onetti me dijo que las únicas palabras que merecen existir son las palabras mejores que el silencio. Y eso para mí ha sido siempre una especie de lema. Onetti me decía que era un proverbio chino. Yo pensé que era un invento suyo porque el viejo era muy mentiroso y, para dar prestigio a sus palabras, invocaba siempre fuentes inobjetables: "En la Grecia antigua...". Pero hace poquito descubrí que es un proverbio hindú.
Eduardo Galeano

* mestizaje
Toda cultura compleja está cosida con retazos, apuntalada con empréstitos. (...)
¿Cuántos elementos culturales que presentamos a los turistas apresurados como "típicos" son rasgos trasmitidos por los canarios, los vascos, los gallegos, los italianos, los portugueses, los brasileños y demás pobladores de estas latitudes aluvionales? Recibimos el caballo del español, el fútbol del inglés, la polenta del italiano, el bandoneón del alemán, el compadrito de los

barrios bajos de Génova y Marsella, el pericón de las contradanzas madrileñas del siglo XVIII, la quiniela ha derivado su nombre de un juego de pelota vasca, y con estos y otros ingredientes hemos fabricado nuestra heráldica regional.
Daniel Vidart

* mesura
Todos nos sentimos hermanados en esta medianía tan uruguaya, que es como el Río de la Plata, ni dulce ni salado, ni frío ni cálido.
Carlos Maggi

* mirada
Dicen de Daniel Muñoz y como observación profunda, que él, á su vez ve como pocos; que tiene ojos certeros y que esa cualidad de ver bien constituye su principal mérito literario. (…)
Ver bien, es á penas una condición. Lo que determina aptitud es el poder de reflejar al exterior con la palabra ó el pincel el cuadro que ha pasado por los ojos ó que ha concebido la mente.
Digamos que Daniel Muñoz posee hoy esa aptitud.
Juan Carlos Blanco, 1884

* mismidad
(…) la sociedad uruguaya ha sido y es una sociedad brutalmente intolerante para lo diferente, para lo distinto, muy uniformizadora de valores, de creencias, de conductas, de actitudes. Este gran disciplinamiento cultural la hace una sociedad extremadamente conser-

vadora en primer lugar, muy difícil de cambiar y hasta intolerante. Y eso es un dato que me parece que la historia de las mentalidades de la sensibilidad y del poder, puede ayudar a cambiar, puede de alguna manera cuestionar.
José Pedro Barrán; entrevista de Gerardo Caetano y José Rilla

* misterio
Pasó el tiempo. Decenios han pasado desde allá hasta aquí. Uno mira en derredor y le parece mentira estar tan lejos de cosas tan cercanas.
Julio C. da Rosa

* moción
Vamos a proponer despolitizar el sistema político.
Roberto Canessa; citado por Álvaro Amoretti

* momentos
(...) Pero quiero insistir, quiero ponerme pesado en esto (…): la polarización sirve para la lucha, pero solo el acuerdo sirve para la construcción.
Liber Seregni; citado por Fernando Butazzoni

* mostrarse
Mi corazón a veces se desviste.
Líber Falco

* música
-(…) Para mí el instrumento es fundamental en los momentos trascendentes de mi vida. En las grandes

alegrías y en las grandes tristezas, he sentido la necesidad vital de tocar la guitarra.

—"Como el ave solitaria con el cantar se consuela", dice Martín Fierro.

—Y eso es una verdad inmensa. Wenceslao Varela, nuestro más grande poeta nativista vivo, escribió: "es alivio y es ventaja / hacer su mal llevadero / aprendiendo del hornero / que canta mientras trabaja." Quien tiene una música adentro y trata de proyectarla dispone de una enorme suerte. Uno distancia las grandes emociones entrando en el mundo de la música o de la poesía o de cualquier tipo de creación.

Santiago Chalar; entrevistado por César di Candia

* nostalgia

Un amigo uruguayo se puso a calcular una raíz cuadrada con lápiz y papel ante profesionales universitarios suecos que lo rodearon admirados. Creían que esa operación sólo podía realizarse con una calculadora. No siento nostalgia por el pasado, pero fuera del país, ante mis alumnos, alguna vez sentí nostalgia por la escuela valeriana. Hasta por el igualitario adminículo de la moña azul sentí nostalgia, ese agregado que transforma a los niños en un paquete para regalo.

Carlos Liscano a su regreso del exilio; citado por Ana Ribeiro

* nostálgicos

Nosotros tenemos una formación nostálgica (...). Descendemos de inmigrantes, que fueron hombres que dejaron su corazón en otro lado, que perdieron todo menos la vida y nosotros tenemos un arrastre de esa nostalgia.

Carlos Maggi

* numerosos

(...) ateo -especie abundante en el Uruguay si las hay- (...)

José Pedro Barrán

* obituario
Acaba de fallecer en Estados Unidos (sic) el célebre
Darwin. (…) será señalado como uno de los que han
herido a la humanidad en sus fibras más vitales y más
nobles: en su dignidad, en su origen divino y en su
destino sublime e inmortal. Nadie que comprenda en
toda su extensión lo que constituye la dignidad humana
(…) podrá sin inconsecuencia glorificar la memoria del
malogrado ingenio norteamericano (sic).
Juan Zorrilla de San Martín. *El Bien Público*. 30 de abril
de 1882; citado por Eloísa Figueredo

* objetivo
En arte se hace lo que se puede, pero hay que
proponerse lo que se debe.
Paco Espínola; entrevista de Jorge Ruffinelli

* obligatorio
Para un hombre acostumbrado a vivir de travesía en
pleno invierno el termo debe haber sido un invento
fantástico.
Gustavo Lafferranderie

* observación
Hace muchos años que no nos pasa nada como nación,
como ser colectivo, y es por eso quizá que nos sentimos desasidos, inhibidos, superficiales. El penúltimo
gran acontecimiento (el último serían las inundaciones
de 1959) que nos conmovió fue la soberbia mentira, la

victoriosa errata de Maracaná. (...)

En Maracaná se ganó sin merecer ganar. Y ésa es la increíble lección que del episodio extrajo el ingenuo, inexperto país: *se puede ganar sin merecer ganar*, nada más que echando mano a la picardía, al arranque, a la prepotencia, a la buena suerte. En el preciso instante en que estábamos necesitando la pasión sobrevino Maracaná y se produjo el gran malentendido.

Mario Benedetti

* ocasión

Como escribía Borges, sólo apreciamos la grandeza de la patria cuando hacemos un viajecito en bicicleta.

Carlos Maggi

* ociófilos

Uruguay es un país laico. Mucha gente no lo es, pero sí se enorgullece de vivir en un estado laico. Los uruguayos no son fanáticos de nada, excepto del fútbol. No creen demasiado en horóscopos, son por definición desconfiados, incrédulos, críticos.

Pero sí hay algo a lo que rinden culto, a lo que ofrecen su liturgia con la furiosa devoción de un inquisidor medieval: el ocio. Y el verano es, obviamente, el momento de su máxima sacralización. Un país que se paraliza tres meses al año, desde Navidad hasta Semana Santa (perdón, de Turismo), no puede pasar a la historia geoeconómica mundial sino como un gran cultor del tiempo libre.

Leila Macor

* ocultadores

Parecería que nos gana más la preocupación de ocultar las cosas desagradables que suprimirlas. Porque hay una especie de curioso sonrojo nacional que asoma en cuanto alguno se anima a plantear que toda evolución progresista auténtica sólo es posible partiendo del reconocimiento de la modestia de nuestra realidad nacional y atenernos a esa realidad nacional no para perpetuarla en lo que tiene de limitado, de vicioso, de desagradable, sino para ir construyendo la otra, más sana, más limpia, más firme.

Luis Pedro Bonavita

* oficinistas

(…) el Uruguay es la única oficina del mundo que ha alcanzado la categoría de república. (…) el Uruguay es un país de oficinistas. (…) Lo que verdaderamente importa es el estilo mental del uruguayo, y ese estilo es de oficinista. Todo el país piensa en términos de oficina. Hace treinta años la máxima aspiración de las madres conscientes era descubrir y fomentar en sus hijas una impetuosa vocación pianística; escuchar por primera vez a la futura concertista en una vacilante ejecución de *Para Elisa*, constituía por lo común un inolvidable acontecimiento familiar. Hoy en día la aspiración sigue apuntando al teclado, pero se ha cambiado el Steinway por la Underwood, el Pleyel por la Olivetti. Se dice: "Mi chica está aprendiendo en la Pitman", con el mismo énfasis esperanzado con que antes de decía: "La nena está estudiando en lo de Kolischer".

Mario Benedetti

* oficio

(...) aguzar el oído para escuchar qué dicen los silencios y los silenciados (...), para que al historiador no se le escape lo que sucede a escondidas.
José Pedro Barrán; citado por Gerardo Caetano

* ¡oh!

La corrupción es un fenómeno que en Uruguay no existe.
Luis Alberto Lacalle, 1995; citado por Álvaro Amoretti

* opuestos

Losa- Está la de los sepulcros, que es la triste y la otra que es la radiante.
Daniel Scheck

* orientación

Nuestro norte es el sur.
Joaquín Torres García

* orígenes

(...) yo pienso en uruguayo.
Ana Tiscornia

* otros

Creo que el hombre tiene compromisos con los otros hombres que están en el plano de la moral y tienen que ver con la situación inmediata del hombre. Por eso no me convence algo que dijo el Che: "Todo jefe revolucionario debe tener un profundo sentimiento de caridad pero no debe desgastarse en caridades cotidianas". Cuando escuché esa frase me rebelé contra ella. ¿Qué hacemos con el mamado que se cayó en la esquina, y qué con la vecina que no puede pagar el alquiler? Bueno, tal vez eso sirva para un jefe revolucionario, pero no para mí. Me voy a ocupar del mamado y voy a tratar de ayudar a la vecina. (…)

Hay dos cosas, una la dice Huxley refiriéndose a cualquier grupo que señale una separación. El que diga: "Nosotros los buenos y ustedes los malos", está separando a los hombres de los hombres y ya tenemos allí un germen de fascismo. (…)

En cuanto nuestro compromiso deja de ser con todos los hombres ya estamos haciendo fascismo. Por eso la conducta de Cristo; el que no le preocupe quién está y quién no está circuncidado hace de él el primer antifascista de la historia. Obviamente la figura de Cristo, real o no, es la de un luchador comunitario. Todos los hombres. Esto se tradujo en Uruguay 20 siglos más tarde en "Patria para todos o para nadie", que no es decir "vamos a romper la patria", sino "mientras haya un hombre que no sea feliz ninguno tiene derecho a serlo". O como decía alguien en una revista católica, de hace muchos años: "Cuando un hombre muere de hambre me arrastra a los infiernos".

Tola Invernizzi; entrevista de María Esther Gilio

* panorama

(…) como todos los que por allí han pasado, cuando han podido ver, en un hermoso día el panorama de Maldonado desde esa altura de Punta Ballena sienten que nuestra tierra los hace más uruguayos, porque todos nos sentimos crecer en razón de la dignidad de lo que amamos; y, en ese instante, se nos revelaba una excelencia insospechada en el objeto de nuestros más hondos afectos.

R. Francisco Mazzoni, 1944

* panorámica

En nuestro caso particular de presuntos orientadores de la juventud, en una etapa fundamental de su desarrollo espiritual, debemos preguntarnos qué sentido tiene -en este siglo de las explosiones nucleares, de los vuelos supersónicos y de los satélites artificiales- hablarles a los adolescentes de la cólera de Aquiles o de la duda de Hamlet. ¿Es justo, es legítimo distraer a los jóvenes de su preocupación inmediata que no los esperará, y hacerlos girar para que contemplen un pasado que siempre los espera? Antonio Machado ha escrito: "Es el viento en los ojos de Homero, la mar multisonora en sus oídos, lo que nosotros llamamos actualidad". Si los ojos juveniles se acostumbran a distinguir la eternidad temporal, el contra-tiempo histórico del espíritu manifestado en la poesía, se acostumbrarán a no pestañear ante los relumbrones ni ante los fogonazos del presente. Debemos inculcarles a nuestros alumnos cierta presbicia espiritual que los obligue a distanciar las cosas demasiado próximas para verlas mejor, unidas a las más remotas luces del pasado y a las más inciertas del porvenir.

Guido Castillo, 1957; citado por Carlos Real de Azúa

* papelón

Sin duda, uno de los signos que revelan que el sudamericano no ha llegado todavía a la completud psicológica es su permanente temor a pasar un papelón. Tengo miedo de hacer un papelón —piensan el conferencista, el examinando y el deportista al enfrentarse a la prueba. Me hiciste pasar un papelón —le reprocha un cónyuge al otro, un jefe a un colaborador, un compañero a otro. ¡Qué papel! —se lamenta una persona, creyendo haber llamado el ridículo sobre su persona en una ocasión determinada. (...)

Pienso qué sabrosa comedia de costumbres habría escrito sobre este tema Gregorio de Laferrere, el autor teatral argentino de principios de siglo, autor de "Las de Enfrente".

Es fácil percibir que el temor al papelón —que es, en el fondo, miedo al ridículo—, revela un sentimiento de inseguridad, de insuficiencia, de inferioridad. (...) es ese sentimiento consciente aunque a menudo injustificado, de su minusvalía, el que está frenando permanentemente sus acciones bajo forma de temor al fracaso, y, más que esto, la obsesión del ridículo.

Claro está que el temor al papelón traduce, además, el ejercicio de una autocrítica, pero que se ejerce en exceso. (...)

Y bien, debemos decirlo: en ninguna parte está más

desarrollado el temor al ridículo que entre nosotros. Repetimos también que ello no está en oposición con un buen desarrollo de la inteligencia. Más que un déficit intelectual, traduce el temor al ridículo una inmadurez de los mecanismos afectivos (sentimientos), contra la cual, por ello, poco pueden las razones intelectuales.
Isidro Más de Ayala

* paraíso
(…) y viven alegremente entre magnolias, rosales y naranjos, en un hermosísimo paraje [proximidades del Miguelete], que ahuyenta con su solo aspecto la sombra de todo pesar y el recuerdo de toda tristeza. (…) se siente admiración y á la vez deseos de agradecer á la Providencia el haber hecho del aire del campo un aperitivo mucho mejor y sobre todo más barato que el Vermouth de Turín combinado en dosis apropiadas con el más amargo de los Bitters.
Samuel Blixen, 1887

* paralelismo
Dicen que cuando un ser humano muere violentamente sin haber cumplido su ciclo vital, su alma permanece flotando sobre la superficie del planeta, empavoreciendo a quienes se topan con su aparición. Debe suceder lo mismo con el alma de los pueblos, cuando se trunca su desenvolvimiento, porque en el Uruguay hay un ánima en pena que vaga por la geografía social de la República, promoviendo aquí y allá el desorden y la inquietud, generando un temor que no acierta a comprender su origen. Cuando un pueblo

se ve privado de sus fundamentos espirituales, lógico es que busque su perdido equilibrio con más gestos torpes o frenéticos, que expresa una pasión que ha perdido su objeto, una combustión en el vacío, como la llama fría de las luces malas. En el delirio del fútbol y del básquetbol, en el vértigo de la timba, en la agresividad de la patota, en el reproche perenne del tango, se manifiesta el extravío de un pueblo que espera a un pequeño mesías en cada jugada de quiniela.
Roberto Ares Pons, 1961; citado por Carlos Real de Azúa

* parlamentaria
Interpelar- Pelar o sacar el cuero a un ministro.
Daniel Scheck

* participación
Hace cosa de un siglo, don José Batlle y Ordóñez, presidente del Uruguay, estaba presenciando un partido de fútbol. Y comentó:
-¡Qué lindo sería si hubiera 22 espectadores y diez mil jugadores!
Eduardo Galeano

* pasado
Los jóvenes de hoy deben saberlo para no sentirse tan deprimidos y mucho menos disminuidos: el pasado, respetable como ha sido, no merece todas las adoraciones que se le dedican, en parte porque en él (en su gente, en su moral, en las mentiras de su clase política, en sus cretinismos burocráticos, en su displicencia

ante la cultura) estaba el embrión de lo que vino
después y la culpa inicial de las degradaciones
posteriores, que tampoco fueron repentinas ni casuales.
Jorge Abbondanza

* paseo

Me cuesta admitirlo, me cuesta incluso escribirlo
porque siento que se hace realidad a medida que lo
nombro. Pero soy testigo frecuente de ello y considero
que debe saberse: hay gente a la que le gusta ir al
supermercado. Sí. A Tienda Inglesa en particular.
Gente que disfruta tal cosa como si se tratara de un
paseo dominical. Gente, incluso, tan adicta a ese
emporio del marketing que lo visita así nomás, como
quien va al parque o a la playa.
Repito: los he visto. Vivo cerca de un *shopping* donde
hay un Tienda Inglesa. Diríase que es un local bonito -
siguiendo el concepto estético de estos insólitos
adictos-, espacioso y lleno de productos "rarísimos"
como queso de cabra, salmón ahumado y tacos
mexicanos. Y allí abundan estos visitantes de feria
moderna, deseosos de darse un baño de gran ciudad
antes de volver al barrio a hacer las compras en su
clásico almacén. (...)
Quién hubiera dicho, cuando se instalaron los primeros
supermercados grandes en Montevideo y tanta gente
protestó en defensa del almacén de barrio y del paisito,
que estos intrusos elefantiásicos se transformarían con
el tiempo en museos de comida donde la gente acudiría
a sacudirse la modorra en las tardes invernales.
Leila Macor

* peligroso
La desigualdad social es una bomba de tiempo que
cuando explota causa daños en toda la sociedad.
Tabaré Vázquez; citado por Álvaro Amoretti

* pendiente
Las cárceles no servirán para mortificar y sí solo para
asegurar a los procesados y penados, persiguiendo su
reeducación, la aptitud para el trabajo y la profilaxis del
delito.
artículo 26 de la Constitución de la República; citado
por César di Candia

* percepción
Los montevideanos son porteños sin histeria.
Andrés Neuman

* pérdida
(...) al no dar importancia a lo que dice el niño,
olvidamos que en él no sólo hablan los pocos años,
sino también habla de Vida, desde su profundidad
creadora, que no tiene edad y es más que la experiencia.
Mala, malísima excusa es responder de cualquier modo
amparándose en que el niño no entiende... En todo
caso, lo difícil hay que tratarlo como difícil, no como
fácil, que sería falsearlo.
Clemente Estable, 1947; citado por Carlos Real de
Azúa

* perdurable
(...) el Triste de Fabini. Es tan fina y conmovedora esta

música que cualquier estado de ánimo se ordena en su presencia.
R. Francisco Mazzoni

* perfil
¿Cómo definir a un país conservador? ¿Cómo definir al conservadorismo? Conservador, conservadorismo, progresista, progresismo, izquierda, derecha y tantas otras palabras, suelen convertirse, con el andar del tiempo, en muletas. Ayudan a tenerse en pie. Dificultan la marcha. Una definición, no obstante, debe intentarse. Conservador no es sólo aquel que por inercia, por pereza, por senectud y también por interés, transforma las ideas recibidas, que en la época del alumbramiento pudieron ser revolucionarias y fecundas, en un campo de dogmas inmutables, aquel que vive y actúa sobre un fondo intocado e intocable de axiomas. Los países como los hombres, suelen ser más conservadores cuando tienen un pasado venturoso. Lo añoran. En una especie de edad de oro ennoblecida y embellecida por el recuerdo. Hacia ella miran.
Carlos Quijano, 1965

* perfumados
(...) todos los montevideanos tienen perfume a mate.
Isidro Más de Ayala

* periodístico
La prensa no sólo fabrica la realidad; fabrica también, al mismo tiempo, a un lector capaz de creer en esa realidad que su diario le propone e impone. (...) Utiliza

nuestra invencible propensión a creer en "una" realidad, y no vacila en construirla mediante un sistema premeditado de filtrados, de silencios y de reiteraciones. "El País" del 12 de julio de 1956 definía así una de las misiones "naturales" del periodista: "Proporcionar informaciones y juicios de todo lo interesante, desbrozados de lo que tiene menos interés o no tiene ninguno; (...) vivimos suprimiendo, resumiendo, eliminando, sintetizando". (...)

Para que esa cuidadosa elaboración de la apariencia resulte eficaz, la prensa debe elaborar con el mismo cuidado, al lector correspondiente. (...) De ese modo, el lector se reconoce en su diario, se abandona a él, se identifica finalmente de tal modo con lo que lee, que ya no sabe si sus ideas son suyas o del diario, acostumbrado a él como al roce de su ropa interior. Las ideas del diario, de las que el lector cree así extraer sus propias ideas, provienen de las ideas que el diario supone que tiene el lector; y, recíprocamente, las ideas del lector de las cuales el diario cree (o simula) extraer las suyas, provienen de las ideas que el lector cree que tiene el diario. Desvaída su imagen en ese juego de espejos, el lector termina siendo lo que la prensa necesita que sea (...)

Washington Lockhart, 1958; citado por Carlos Real de Azúa

* personalidad

Carlitos [Gardel] supo (...) alternar tanto con gente de guante blanco como con la que chancleteaba la alpargata. Ni se hacía fuerza para irlas mano a mano

con la mersa brava y rea, ni se sentía fuera de su cancha entre magnates; pero tanto en una cachiquengua con vasos de caña, como en el lujo de una reunión de bacanazos, él seguía siendo él, sin agacharse para emparejar con los malevos, ni tratar de empinarse con un "hasta igualar envido" para andar ras con ras con la aristocracia.
Last Reason

* pervivencia
El registro cotidiano de su presencia viva [la de José Pedro Barrán] nos sigue empujando a pensar y actuar con rigor y libertad, para que los sueños sigan alentando -como él mismo nos enseñó- la transformación de la realidad, para que así, *"lo que no fue"*, tal vez algún día, *"pueda ser"*.
Gerardo Caetano, Daniel Gil, Marcel Viñar, 2010

* polémico
[el 27 de noviembre de 1983] se realiza el acto fundacional del Obelisco (Alberto Candeau llevado de apuro al Solís por la Unidad Coronaria Móvil porque esa tarde debía actuar con la Comedia Nacional, sin reparar en que ya había actuado, magistralmente, en el estrado, leyendo la proclama). Antes habían tenido lugar en el Parque Hotel las conversaciones entre representantes de los partidos políticos (no todos) y las Fuerzas Conjuntas; y luego del acto del Obelisco, la concertación del pacto del Club Naval. Las preguntas retornan: ¿no se debió esperar la derrota total de los insurrectos, para que no siguieran, como alertaba

Quijano, mandando atrás del trono? Pero también: ¿quedaban fuerzas en la gente, la gente que lo había sufrido todo, para seguir sufriendo? Y en todo caso, ¿por cuánto tiempo más? Yo, modestamente, saludé con alivio ya que no con entusiasmo la aprobación del pacto, que trajo la salida "a la uruguaya". En cambio los héroes verdaderos que estaban aquí —el Héctor Rodríguez, "los imprescindibles"- anticipaban el elevado precio que pagaríamos por las flaquezas de entonces. El sacrificio de seguir resistiendo, sin embargo, para que tuviera la validez de un pacto social debía ser asumido por todos, y no lo fue.
Hugo Alfaro

* ponderación
Cuando Borges definió a Montevideo como un arrabal de Buenos Aires, estaba, qué duda cabe, relegando a Buenos Aires, exaltando a Montevideo; es sabido que para Borges nada había mejor que la orilla, la periferia, el arrabal.
Martín Kohan

* portuaria
La proa de un barco asoma al fondo de una calle colmada de ómnibus, bancarios y quioscos de revistas, mientras una grúa levanta contenedores detrás de la anciana que vende flores en la esquina de Piedras y Treinta y Tres. La proa roja, la ciudad gris, se enciman fuera de escala como dos mundos incrustados. El escenario recoge de Montevideo una verdad desatendida. Antes que una ciudad con puerto, el

puerto justificó la ciudad, la hizo crecer, le dio sentido.
Carlos María Domínguez

* posibilidades
-¿Es cierto eso que siempre se dice, que la calle es la universidad de la vida?
-Según y conforme. Hay algunos que aprenden un montón de cosas y otros que no aprenden nada. En la calle te hacés gente o te echás a perder. A veces, la universidad esa te cierra las puertas.
Obdulio Jacinto Valera; entrevista de César di Candia

* posicionamiento
En las últimas elecciones, y sin nada para esconder, voté por el Frente, pero no tengo una ideología que defienda a capa y espada. Hay que intentar ser pensante y ver la realidad y el contexto para intentar entender qué es lo mejor para el país. Si la honestidad fuera una ideología, esa es la que seguiría.
Diego Lugano; citado por Agustín Lucas

* postergar
Otra de nuestras características es postergar el comienzo de un plan o de una obra hasta el día primero del mes próximo o hasta el lunes que viene. "Veme el primero" –se le dice a quien viene a proponernos un programa de acción-. "Háblame el lunes" –se le responde a quien llega con propósitos nuevos-. El primero y el lunes aparecen así como fechas mágicas en las que estaremos dotados de energías y de entusiasmos de que ahora carecemos, y

podremos entonces fijar nuestra atención y nuestro
interés en lo que se nos quiere proponer.
Isidro Más de Ayala

* Prado
Entrar al Prado es internarse en el principio del siglo, es
estar más atrás que nosotros mismos (...) El Prado está
hecho para consolarnos de una gran tristeza. Como las
casas antiguas, se compone de gracia y de melancolía.
El Prado cae al alma como una lágrima cursi, pero
adolescente. (...) El rosedal, el crepúsculo, tal vez el
lago bruñido aún o el pequeño puente, la sombra
transparente de los grandes árboles, el aire tan serenado
y claro, todo invita allí a contemplar lánguidamente un
libro y a sonreír, a sonreír (...)
Carlos Maggi

* pragmático
Y pasemos a las cosas, como cierta vez -allá por 1930-
les sugirió Ortega y Gasset a los argentinos.
Gonzalo Aguirre

* precisamente
Don Tomás. – (...) Le digo lo siguiente: que acabará
usted mal. Piense en sus nenes.
Don Ángel. - Porque en ellos pienso con amor infinito
no callaré nunca.
Rafael Barrett, 1918

* precursores
La historia de cualquiera de nuestros progresos es, en

el Uruguay, la historia de un luchador vidente. A la inversa de lo que ocurre en países de vieja civilización donde la Historia prepara las evoluciones y obliga a los hombres a crear, aquí son los hombres superiores que sustituyen a la Historia, toman su concepto y obligan a aceptarlo en los ambientes reacios.
R. Francisco Mazzoni, 1944

* presentimiento
Hay olor a gol.
Ariel Delbono, relator de fútbol; citado por Luis Prats

* preventivo
El Parlamento debe remunerar bien a sus miembros para que no sean tentados por las coimas o por los sobornos.
Reinaldo Gargano; citado por Álvaro Amoretti

* prioritario
(…) Por nuestra pequeñez y nuestra debilidad. Pero debemos afrontar el desafío. Y la primera tarea que nos espera, la más larga, la menos exultante quizás, la más difícil, la más sacrificada, es la de quemar nuestros mitos, aborrecer nuestras hipocresías, y mirar, para verla, a la realidad.
Carlos Quijano, 1965

* privilegiado
(…) las relaciones de un hombre con su Dios tienen aspectos de problema estrictamente íntimo. (…) [Líber Falco tuvo] altas, finas formas de las sensibilidades y

virtudes que el posible Dios parece, muy a menudo, conceder con mayor largueza a quienes apenas se atreven a soñarlo que a quienes creen haberlo encontrado.
Mario Arregui

* profundidades
Los hechos, sin embargo, no alcanzan. Eso nos enseñó una vez Onetti, y entonces aprendimos que para no mentir, para buscar alguna forma de verdad, debíamos atender también al alma, "el alma de los hechos".
Ana Inés Larre Borges

* programa
Hagamos pueblo y no rebaños. Los pueblos se hacen por dentro. Forjemos almas no sólo músculos. (...) Cincelemos el nuevo tipo social: el varón fuerte y digno: la Conciencia; el microcosmos armónico; el as futuro de la especie. Alta prédica. Cursos escolásticos para el pueblo. Escuelas de agronomía, agropecuaria y de mineralogía en los departamentos. Enseñanza nocturna para obreros. Difusión de las artes plásticas. Universidad libre. Ateneo de verdad. Liceos de enseñanza preparatoria y gimnasios en toda la República. Educación política de las masas. Fiestas escolares. Democratización de las Ciencias. Alta pedagogía. Centro de bellas artes. Glorificación histórica de los héroes y de los grandes hombres. Exposiciones y certámenes cosmopolitas. Fundación de una Academia de honor.
Tracemos la periferia psicológica futura de la

nacionalidad. Concursos. Academias. Baños públicos. Liceos populares. Congresos internacionales de estética. Certámenes de artes plásticas. Propiedad literaria legalizada por el Estado. Asociaciones de escritores amigos. Retribución del trabajo cerebral. Franquicias y protección a la publicidad. Subvenciones a los intelectuales y ubicación de los literatos en los puestos públicos de alta categoría y en la diplomacia, para mayor gloria de la nacionalidad. Pensiones de estudio en el extranjero. Juegos florales. Premios. Lauros. Becas. Cátedra de enseñanza libre para el pueblo. Apoteosis del talento. Estatuas de los más altos espíritus en plazas y paseos públicos.

Laboremos el aceite que alimentará la antorcha del mañana. Cavemos el surco y dispensemos a manos llenas la simiente. Todo internamente. Todo con método. Todo con lógica. Todo con brújula. Hermanos de labor, colegas del Uruguay y de América, hijos del pueblo, lectores anónimos, afortunados y humildes. Todos. Acompañadnos hasta el estrado. ¿Sentís rugir los leones? Un último abrazo. ¡Adiós! Otro abrazo se nos reserva: el de la gloria, si triunfamos. Y el del olvido si perecemos.

Julio Herrera y Reissig. *La Nueva Atlántida*, 1907

* prójimo

(...) para entenderlos me tuve que transformar en uno de ellos, entonces no podía venir dos veces por semana a ver como era la historia, tenía que venir a vivir lo que viven ellos, a comer lo que comen ellos, a vestirme como ellos...

padre Cacho; citado por Blanca Rodríguez; referencia
de Julio César Romero Magliocca

* promesa
Conmigo no van a tener un gobierno bueno, pero sí
divertidísimo.
Jorge Batlle; citado por Álvaro Amoretti

* pronóstico
"Uruguay y Argentina", me dice un amigo, "tienen
gobiernos de izquierda que serán vencidos por la
derecha que se está preparando. Acá también, como en
la Europa decimonónica, va a haber una Restauración".
Andrés Neuman, 2010

* propiedades
La yerba mate despierta a los dormidos, corrige a los ha-
raganes y hace hermanas a las gentes que no se conocen.
Eduardo Galeano

* propósito
La consigna de [Joaquín] Torres [García] "arriesgarse a
cualquier atrevida hipótesis; pues aquí mentir sería
proclamar la verdad. Y desgraciado el cauto, el
prudente, que no se atreva a recorrer tal riesgo".
Alberto Methol Ferré; citado por Carlos Real de Azúa

* provocación
Hay que meter fierro. Hay que hacerlo por la fuerza.
No se hace conversando. La reforma de Varela se hizo
bajo Latorre, fue un decretazo. La universidad nueva

de Vásquez Acevedo fue hecha en contra de la opinión de los doctores, que no entendían cómo le iban a llamar "doctor" a un tipo que se dedicaba a la matemática, a medir los campos y hacer puentes y carreteras. La educación media se la sacaron a la Universidad bajo Terra, porque no podía ser que fuera solamente para producir universitarios, que era lo que era. El Instituto Alfredo Vásquez Acevedo, el preparatorio, está pegado al edificio central de la Universidad. Era el conjunto. Las universidades privadas las autorizó la dictadura militar. Fue el Goyo Álvarez, cuando declaró universidad a la Católica. Y era buena la Universidad Católica, y lo sigue siendo. Y no solamente eso, sino que además fue la primera que enseñó Administración de Empresas. Y el Plan Ceibal fue un decretazo, un verticalazo, que les pasó por encima a los maestros. Todas las reformas de la enseñanza en Uruguay se dieron así.
Juan Grompone

* provocador
El tiempo es como una cruz de caminos en cualquier conversación, sea ella de amores o de sementera. Una llave maestra. Tema jugoso, ancho, claro, sugeridor y lleno de ramales. Por él se puede llegar a cualquier parte (…) Capaz que ni un mudo se quede callado, siendo el tiempo el tema de una conversación.
Julio C. da Rosa

* puentes
(…) Enrique R. Erro, -este hombre a cuya amistad me

unen tan hondas y tan lindas discrepancias- (...)
Julio C. da Rosa

* puntualizando
No ando atrás de los que ganan
no soy de oficio adulón
y aunque mi cuero sea corto,
adentro'e mi cuero estoy.
Qué me va a hablar del arroz
como si fuera moñato:
yo lo conozco en la planta
y usted lo ha visto en el plato.
Ruben Lena

* queja
Los ochenta caballos, dos potrillos y seis yeguas que
pujaban por impulsar, desde las entrañas del motor,
aquella catramina (...) dejaban exhalar sus quejas por
entre sus desgastadas válvulas.
Roberto Barry

* querella
La paradoja rioplatense de nivel de vida desarrollado y
estructura económica subdesarrollada (..)
Alberto Methol Ferré

* quiebre
La ausencia de estadísticas, la pobreza de nuestros
datos tienden a convertirse en proverbiales. El hecho
es representativo, sin duda, de esa característica
tendencia de nuestra sociedad y de nuestros gobiernos
a vivir en una dimensión imaginaria, a evadirse de los
hechos, a ignorar la realidad. De esa manera podemos
tomar decisiones políticas con la más absoluta
ignorancia de las consecuencias de hecho que tendrán,
o podemos adoptar una política en contra de todo lo
que aconseja el estudio de la realidad -ejemplo típico,
nuestra política jubilatoria-, haciéndola pasar como
razonable y justa. Por fin, la ausencia de todos los datos
que desearíamos tener se convierte en la convicción de
que no hay ninguna clase de datos, convicción falsa.
Algunas afirmaciones son posibles, ciertas
presunciones son válidas y es necesario manejarse con

ellas -con toda la prudencia del caso-, o resignarse a la ignorancia total.

Aldo Solari, 1964

* Quijano

(...) Carlos Quijano, en la óptica con que se le considera desde hace tiempo y no habrá de variar, resulta, antes que nada, el hombre de esa *"Marcha"* (...) que alguien ha calificado de un lujo de la república y muchos un *milagro* de ella. Y en verdad, "lujo" o ("necesidad") o "milagro" (o larga paciencia), existe una desproporción tan enorme entre el medio del Uruguay y su prensa y la calidad, la libertad de juicio, la densidad sin pesadez, la inflexible fidelidad a los mejores intereses nacionales e hispanoamericanos que en *"Marcha"* campean, que ciertos calificativos, por ditirámbicos que puedan parecer, no suenan a desmesurados.

(...) Quijano fue adiestrando la herramienta de un estilo expositivo sin par entre nosotros, "periodístico" por estricto ajuste funcional pero "ensayístico", en su médula, por la libertad, la invención y el acento personal que lo norman y "literario", al fin, por su sostenido nivel de excelencia. Un estilo inconfundible es, en el que se inscriben variadamente el fervor y el humor, el sarcasmo, la ironía y una ocasional demoledora agresividad, la autoridad natural del que sabe bien de lo que habla, el manejo ejemplar de dichos, adagios, refranes y una siempre imprevisible imaginación tituladora. Su discurso tiene, sobre todo, un peculiarísimo ritmo: lento, a medias pedagógico y machacón, a medias elegantemente fatigado, que casi nunca se rompe. Sabe ser minucioso, docto, nutrido y sabe ser confidencial, emotivo y hasta lírico y sabe ser ambas cosas al mismo tiempo sin que, aparentemente, los dos tonos se incomoden.

(…) sería imposible eludir una mención de su maestría en la necrológica, un género tan al parecer insanablemente rutinarizado y en el que Quijano ha sabido transmitir su gusto por lo pintoresco, diferencial, de los seres, la aptitud para apresar la positividad (a veces tan escondida) de muchos compatriotas, la melancolía de las posibilidades individuales nunca alumbradas, su conciencia de un "patrimonio humano" nacional por encima de diferencias de bandos, filiaciones e ideologías y (aun) ocultos, penumbrosos entresijos de su propia intimidad.

Carlos Real de Azúa

* raíces
[sc] plantea un problema de causas, más grave que el de los efectos. Luchar contra la injusticia en cada caso concreto, sí claro; pero también tratar de parar la máquina de hacer pobres.
Luis "Perico" Pérez Aguirre; entrevista de Hugo Alfaro

* realismo
Se hace lo que se puede y lo que no se compra hecho.
Julio Montero Castillo

* realista
"La puta que lo parió", dice uno, "¡qué frío hace, no puede ser!". "El invierno también es la realidad, che", contesta el otro.
Andrés Neuman en Montevideo

* rebelde
A mí me parece que la dimensión de *Orejano* (...) es el de no tener miedo a la originalidad. Me parece que eso es fundamental: *porque dispreciando las güeyas ajenas sé abrirme camino pa'dir ande quiera.*
Braulio López

* recapitular
Juceca afirmaba sagazmente: "Ud. va y hace las cosas... Después, de noche, en el boliche... le cuenta a los amigos... Y allí se da cuenta de lo que pasó".
Marcelo N. Viñar

* recatados

El uruguayo no pone altisonancia en el lenguaje ni en los actos. Las expresiones españolas enfáticas hieren su sencillez, y se siente como tímido o avergonzado si debiera emplearlas castizamente. (...)

Choca a su modalidad modesta y sin alardes el empleo de grandes adjetivos. Donde un español o un mejicano dicen admirable, él dice bueno. En lugar de extraordinario, dice grande. Y nunca dice hermoso, espléndido o portentoso, empleando en su lugar lindo, de tan corriente uso. No usa el superlativo y en la adjetivación no pasa de bueno, grande y lindo. Lo mismo en el empleo de los verbos. "Te quiero" es su máxima expresión sentimental, y, aunque se esté muriendo de amor, no dice nunca "te adoro" o "te idolatro", expresiones de las que tan frecuente uso hace el tropical.

(...) También las canciones y músicas nativas son suaves, recatadas y su letra es pudorosa, recogida, íntima, tan lejos del colorido exultante y de la sensualidad ruidosa de las Antillas o del trópico. A su vez, los temas y las técnicas de nuestros pintores son siempre discretas y medidas, en contraste con las explosivas disonancias de otros plásticos del mismo continente.

Isidro Más de Ayala

* receta

[Alejandro] Romero [hace el dulce de leche] como su bisabuela. Pone dos litros de leche y medio quilo de azúcar en una olla de aluminio para que la mezcla no se

pegue y, sometiéndola primero a fuego fuerte, disuelve bien el azúcar auxiliándose con una cuchara de madera. Entonces agrega bolitas de vidrio. Tal vez docena y media, y así queda liberado de la pena de revolver durante las dos horas o más que la dulcificación impone. No agrega bicarbonato, por lo que su dulce es más bien dorado.
Salvador Neves

* rechazo
Los proyectos de Artigas de la Reforma de la Campaña y su idea de que "los más infelices fueran los más privilegiados", eran completamente opuestos a los intereses de los latifundistas.
Daniel Gil

* reciprocidad
Es notable cómo uno es capaz de mejorar la opinión que tiene de alguien, cuando se entera de que ese alguien ha emitido una opinión favorable sobre uno.
Juceca

* reclamo
Sería tal vez más positivo para nuestro país, para América Latina y para el hombre que se sigue arrastrando, valeroso y miserable, por nuestras latitudes, que la gente de *Marcha* fuera menos técnica, menos esclarecida, de intelectualidades no tan doctas pero más apasionadas, más comprometidas, más sucias de *barro humano*.
Ernesto González Bermejo

* recomendable
(...) los políticos antes de hablar deberían encomendarse a Santa Prudencia.
César di Candia

* recordatorio
(...) me acuerdo que lo primero que escribió [Carlos] Alles fue parafraseando una frase de un personaje de Gorki. Una muchacha habla con un joven y se refieren a un tercero. El muchacho dice que no es bueno, que es malo ese. Y ella contesta: "No, está equivocado. Él no es malo. Lo que hay es que él precisaría tener siempre al lado a alguien que a cada momento le esté recordando: 'No te olvides que eres bueno'." Y el pobre Alles, parafraseando eso, decía: "*Todos*, todos nosotros necesitamos a alguien que nos esté diciendo constantemente: "No te olvides, no te olvides que eres bueno". (...) aunque el pobre Alles no necesitaba que alguien le recordara que era bueno. ¿Por qué? Porque era muy bueno.
Paco Espínola; entrevista de Jorge Ruffinelli

* recorrido
Balbuceo. Ómnibus 141 – 142.
Peloduro

* recuento
Los Treinta y Tres Orientales eran cuarenta, aunque sólo 21 eran orientales.
La República, 19 de abril de 1993; citado por Álvaro Amoretti

* recuerdo

Con el Parlamento pasa lo mismo que con la madre: se siente cuando falta.

Hugo Batalla; citado por Álvaro Amoretti

* recurrente

Este país está enfermo de refinanciaciones.

Álvaro Ramos; citado por Álvaro Amoretti

* recurso

El bienestar de los pueblos o sus angustias tiene un termómetro: la cola de gente en el Monte de "Piedad". (…) Tremendo es cuando se va por vez primera a empeñar la radio, la máquina de coser, o el reloj de pulsera. Que son las tres primeras cosas que llevamos. En esos casos, entramos al establecimiento con el sombrero sobre los lentes negros, por si nos llega a ver algún conocido. (…) Mientras esperamos que nos hagan los trámites, observamos la cola y podemos ver un drama en cada rostro. Un problema, una dificultad económica. Uno llega con una guitarra, otro con una valija vacía, otro con un traje, una viejita con el mantón que trajo de España, etc. (…)

Era tal la ironía, que decidieron quitarle el nombre Monte de Piedad… y desde entonces se les llama: cambalaches, casas de empeño o Préstamos Pignoraticios.

Roberto Barry

* reduccionismo

Baudelaire con un amigo estaban exaltadísimos diciendo:

"Qué divino que era Gaspard de la Nuit". El amigo se para y le dice: "Sí, pero lo conocemos vos y yo...". Y Baudelaire le dice: "Es decir, todo el mundo".
¿Te aclaro? Para nosotros éramos como todo el mundo, no mirábamos al costado, éramos tan jóvenes... tan suficientes, tan inteligentes, tan cultos [se ríe]. O por lo menos creíamos que sí. Después nos dimos ciertos golpes.
Lula Jauregui, entrevista de Julia Ortiz

* referencia
La Iglesia no es de derecha ni de izquierda. Si es algo, es de arriba.
Mons. Nicolás Cotugno; citado por Álvaro Amoretti

* reflejo
(...) los políticos que tenemos son el resultado de la sociedad que somos. La sociedad uruguaya es muy hipócrita y los políticos no pueden ser muy diferentes a lo que es la sociedad.
Claudio Paolillo; citado por Álvaro Amoretti

* reflexión
Yo sé que Parlamento viene de "parlare", pero también hay que hacer alguna cosita de vez en cuando.
Alma Dos Santos; citado por Álvaro Amoretti

* reinicio
Los uruguayos somos formidables para partir de cero, y en eso estamos.
Hugo Alfaro

* reiterado

¡Otra vez la Argentina "convulsionada", según el *cliché* consabido!

Rafael Barrett, 1918

* relativo

-¡No sé si hace calor o si soy yo! (…)

Lo que significa que posee la gran sabiduría de la duda al par que reconoce el derecho a opinar de los demás.

El Hachero

* remedio

¿Por qué la Argentina no anexa de una vez por todas al Uruguay y se acaban los problemas?

Julio Cortázar; citado por Rosario Peyrou

* rememorar

Se nos acabaron para siempre los campeonatos mundiales de fútbol, pero ¡qué privilegio! Nos queda algo mejor: el recuerdo de aquellos campeonatos. Vencer, estar venciendo es imperialista, enfanfarria a los pueblos, en cambio, añorar tiempos de victoria, si bien es melancólico, resulta artístico, señorial, casi cursi, pero esencialmente superior.

Carlos Maggi

* reminiscencias

Para muchos abogados que ahora defienden poderosos intereses, para muchos arquitectos que ahora aprendieron la euforia de recibir cheques de cinco cifras, el antiimperialismo de la época estudiantil figura

en sus relatos autobiográficos con la misma importancia de un sarampión, o de la primera visita al
prostíbulo, o del erudito *ferrocarril* que les permitió
aprobar filosofía.
Mario Benedetti

* renuncias
En el Uruguay el que tiene ideas demasiado diferentes
a las que esgrime el común de la sociedad, el que se
atreve a pensar diferente, suele ser castigado por esa
misma sociedad. No siempre se le comprende. Y a
menudo esa gente que piensa diferente se ve obligada
o empujada a matizar lo que piensa, a buscar las
palabras para decir lo que piensa, y termina matizando
mucho su discurso para no enfrentar a los demás.
Agustín Canzani, 2004; entrevista de Álvaro Amoretti

* repetido
(...) soslayando los problemas básicos, postergando
para el mañana y para el sudor *de otros* el
enfrentamiento con las realidades que asedian (...)
Carlos Real de Azúa

* repetidores
Tengo la impresión que "la economía de mercado" está
dando un examen, ojalá sea el final. Pierde por goleada,
el problema es que ante la falta de alternativas lo más
probable es que tengamos todos que repetir el año ¡qué
pesadilla!
Rafael Katzenstein

* requisitos
El pueblo uruguayo está dispuesto hacer múltiples sacrificios y ha dado innumerables ejemplos de ello, siempre y cuando se cumplan dos condiciones fundamentales: que el esfuerzo sea parejo y que haya una luz en el camino.
Felipe Michelini

* residuos
En el cajón de la basura puede estudiarse la vida íntima de cada familia: lo que come, lo que gasta, lo que despilfarra, lo que ahorra, lo que trabaja y lo que viste. Es como el índice de la vida interior, el sumario de lo que ayer se hizo, el libro diario de la casa. Si los basureros fuesen observadores, acabarían por conocer á fondo á todos los habitantes de la ciudad, interiorizándose en sus usos, en sus vicios ó en sus virtudes, con solo prestar un poco de atención á lo que sale de cada cajón de basuras al vaciarlo en sus carros.
Sansón Carrasco, 1883

* resignación
A veces, no está de más decirlo, hay que encoger los hombros y seguir viviendo.
Enrique Amorim

* resistente
Tocino más peludo que éste comí y no me raspó el gañote.
Forma despectiva ante un trance superado y que se anunciara como muy difícil o peligroso.
José María Obaldía

* respaldo
Date corte, Juan Antonio.
atribuido a Ana Monterroso de Lavalleja

* respuesta
Muchos y algunas me han preguntado cómo hicimos
tantos años sin sexo [en relación a los trece años que
estuvo en prisión].
Se puede vivir sin sexo, lo que no se puede es vivir sin
amor. Y en eso yo hablo con propiedad.
Carlos Caillabet

* restricciones
(...) un notable pensador ruso, Chestov, se vuelve
contra la Ciencia porque excluye los hechos que no se
repiten o desconoce la experiencia cuyo testimonio sea
el de un solo individuo. Siente antipatía por las
"verdades con credenciales" y gran simpatía por todo
lo singular.
Clemente Estable, 1947; citado por Carlos Real de
Azúa

* resumen
La Patria es la dignidad arriba y regocijo abajo.
Aparicio Saravia

* retiro
Hay que saber colgar los zapatos, como Piendibene.
Líber Seregni, 1993; citado por Álvaro Amoretti

* reto

Es más fácil ser Rey en Inglaterra, que Director de Secundaria en el Uruguay.

Alberto C. Rodríguez, Director de Enseñanza Secundaria, 1963

* reversa

Todos queremos los cambios, pero cuando llegamos al cambio que nos afecta decimos que no.

Jorge Batlle; citado por Álvaro Amoretti

* reversión

(…) yo creo que el político tiene el derecho y a veces hasta el deber de cambiar de opinión, desde que los temas que tiene entre manos son de una enorme complejidad y, a su vez, también son cambiantes. Recuerdo que Gandhi siempre advertía a quienes le interrogaban sobre los más diversos temas que si alguna vez detectaban una contradicción en sus dichos siempre se guiaran por lo que había expresado en último término (…)

Gerardo Caetano; citado por Álvaro Amoretti

* riesgo

(...) Paco [Espínola] (…) decía que si nosotros perdemos el espíritu de nación, corremos el riesgo de convertirnos en un pedazo de tierra con gente encima.

Mario Delgado Aparaín; citado por Virginia Arlington

* ritmos

El mundo está cambiando a una velocidad vertiginosa,

pero nosotros sólo cambiamos a una vertiginosa lentitud.
Mario Benedetti

* rotundo
La censura impuesta a adultos me ha parecido siempre tan peligrosa como ofensiva. Peligrosa porque puede derivar hacia formas de fiscalización antiliberal del pensamiento; y ofensiva porque equivale a suponer una inmadurez moral y mental en los públicos... La censura preceptivamente impuesta por órganos estatales y municipales me merece toda la alarma y ningún respeto...
Carlos Martínez Moreno; citado por Jorge Pignataro

* saberes

Porque todavía el siglo XX, aunque lleno de ilusiones de convivencia, parecía estático, y la revolución de las ideas aun no se había ni siquiera insinuado en ese Montevideo inocente, de buenos, pacíficos habitantes, sin mayores ambiciones de riqueza ni de poder. Había grandes injusticias sociales, pero si siempre los ricos han creído que tenían el derecho a ser ricos, los pobres, en ese tiempo, no sabían que tenían el derecho a no ser pobres.

Josefina Lerena Acevedo de Blixen

* sabiduría

Abrir los espíritus; ensancharlos; darles amplitud, horizontes, ventanas abiertas; y, por otro lado, ponerles penumbra; que no acaben en un muro, en un límite cerrado, falsamente preciso; que tengan vistas más allá de lo que se sabe, de lo que se comprende totalmente: entrever, vislumbrar, y todavía sentir, más allá de esos horizontes lejanos y apenumbrados, la vasta inmensidad de lo desconocido.

Enseñar a graduar la creencia y a distinguir lo que se sabe y comprende bien, de lo que se sabe y se comprende menos bien, y de lo que se ignora (enseñar a ignorar, si eso se toma sin paradoja, es tan importante como enseñar a saber)... Y producir también la sensación de la dificultad de las cuestiones, el discernimiento entre lo que es cierto o simplemente probable, y la sensación, también, de que hay problemas insolubles.

Carlos Vaz Ferreira

* salida
[Ángel Rodríguez Kauth] resalta el caso de los jóvenes
uruguayos, que poseen una verdadera "vocación de
huida de su pequeño país."
Diego Manso

* salvedades
Uruguay. País que funciona solamente cuando no es
verano, ni feriado (cosa que ocurre muy pocas veces),
ni fin de semana, ni carnaval, ni semana de turismo, ni
vacaciones de julio, ni vacaciones de primavera, ni día
sándwich, ni noche de la Nostalgia, ni día del
Patrimonio, etc.
Leo Maslíah

* seleccionado
(…) creo que fue la "generación del Novecientos" la
que representa la época de oro de nuestra ensayística.
Carlos Real de Azúa

* sencillez
Machado era un hombre especial, capaz de cualquier
servicio. Pocas palabras y sencillo, como los que son
como son.
Julio C. da Rosa

* sentido
Los profesores de nuestro país habrán podido
observar, seguramente, que cada año que pasa son más
los estudiantes (…) que se preguntan para qué sirve la
literatura y qué tiene que ver la poesía con las carreras

profesionales que ellos han elegido. Estas preguntas encierran, casi siempre, un gran desconcierto y, muy a menudo, un mal encubierto desdén que hace suponer una tácita respuesta. El profesor puede pronunciar un bello y profundo discurso, demostrando que la literatura es una de las más importantes, delicadas y complejas objetivaciones del espíritu. Puede señalar que la poesía es el más directo de todos los lenguajes, porque es un lenguaje absoluto; un lenguaje donde desaparece la diferencia entre lo objetivo y lo subjetivo, entre la inmanencia y la trascendencia, entre la realidad y el sueño, entre la máscara y el rostro, entre la verdad y la ilusión, entre la gravedad y el juego, entre el significado y el signo, etc., etc. Puede incluso comentar, con tanta inteligencia como fervor, la maravillosa "Defensa de la Poesía" de Shelley, y su talento, su elocuencia y su entusiasmo conmoverán transitoria y circunstancialmente a unos cuantos, convencerán a muy pocos y confirmarán a la mayoría en sus apenas disimuladas sospechas. Por último, al profesor le queda la alternativa de tomar el toro por los cuernos, y decir la verdad desnuda: la poesía no sirve para nada. El auditorio quedará asombrado de ver que sus más firmes convicciones son compartidas por la única persona que tendría el deber de rebatirlas. Algunos se indignarán ante el cinismo y la desfachatez de una actitud tan poco académica y asumirán la defensa de la literatura. El profesor podrá hacer, entonces, la segunda afirmación: la diferencia más sutil y más radical entre el hombre y el resto de los animales es que el hombre es el único animal que hace cosas que no sirven para nada y que, por lo mismo, esas cosas son las más características y distintivas de lo humano. No es muy difícil hacer entender a la casi totalidad de los alumnos que es necesario distinguir aquello que nos sirve para algo de aquello a que debemos servir y que es necesario satisfacer, sacrificándole, a veces, nuestra vida.

(...) es preciso [enfrentar a los jóvenes, los adolescentes] a cosas esenciales, orientarlos hacia los grandes temas, hacia los problemas últimos. Eso no se obtiene con hermosos lugares comunes que hablen del ideal, del desinterés, la verdad, la belleza, etc; eso se obtiene ayudándolos a tener una experiencia auténtica de su propia existencia, que es inseparable de la existencia del mundo. Y la poesía es una revelación del Ser; pero es una revelación alegre del Ser.

Guido Castillo, 1957; citado por Carlos Real de Azúa

* sentimental

Bandoneón. Gas "neón" que provoca la melancolía y el desconsuelo.

Peloduro

* servil

Lamber la coyunda.

Actuar servilmente; acatar sumisamente a quien se impone arbitraria y abusivamente. Proviene del hábito de algunos bueyes que lamen las coyundas, que son las sogas con las cuales se les asegura al yugo, atraídos por las sales de su propio sudor que las han impregnado. Esta misma costumbre se manifiesta tanto en vacunos

como en los caballos, los que lamen o mastican maneadores, riendas, etc. que ocasionalmente quedan a su alcance. *"…porque no me han visto lamber la coyunda,/ ni andar hocicando pa'cerme de un peso…"* (Serafín J. García: "Orejano", de Tacuruses).
José María Obaldía

* sesgo
Conozco hoy tantos uruguayos de izquierda y de derecha que por vivir como pasión personal su ideología, se obnubilan ante lo real y no lo entienden. O lo que es más interesante aun, terminan influyendo en lo real. Los hombres siempre queremos transformar nuestras añoranzas y ensueños en objetos sólidos. Y a veces podemos.
José Pedro Barrán

* silenciados
Desde la dictadura ha primado entre nosotros una suerte de inercia del silencio y ese silencio no pocas veces amparó impunidades grandes y pequeñas.
Ana Inés Larre Borges

* símiles
(…) cuando yo era niño e incluso adolescente, se decía que Chile era la Inglaterra de Sudamérica (de la misma manera que Uruguay era la Suiza, Buenos Aires la Chicago, etcétera). Quienes afirmaban lo anterior, por supuesto, eran chilenos. A partir de 1973 esta broma dejó de causarnos gracia o se convirtió en lo que siempre había sido: un sarcasmo. Pero los símiles nunca son inocentes y al cabo de un tiempo regresan o

regresa su fantasma: con otros ropajes, con otros lujos, con otro sentido. Regresan convertidos en deuda.
Roberto Bolaño

* simplificación
El "slogan" es la idea fija; y la idea fija es la renuncia a las ideas; o sea, la renuncia a la inteligencia. (...) Al "slogan", los totalitarios le oponen la "consigna", que es otro "slogan", una afirmación o una negación simple, ruidosa, llamativa, sobre cualquier problema. Formas degeneradas del esquema, que desembocan en esa formulación que es "la propaganda". (...) Al "slogan" le basta y le sobra con una frase, tanto más vacía cuanto más sonora.
Luis Pedro Bonavita, 1958; citado por Carlos Real de Azúa

* síndrome
Una cosa que siempre he sostenido es que tenemos algo que denomino el síndrome Maracaná.
Muchas veces hemos oído decir que Uruguay se fundó gracias a los dos Varela (José Pedro y Obdulio). Tengo obviamente gran respeto por Obdulio, que era el primer gran negador de la hazaña, el primer gran negador de sí mismo.
Uruguay nunca fue consciente después de Maracaná de que ganó porque merecía ganar. Y merecía ganar por la sencilla razón de que tenía cinco o seis de los mejores jugadores del mundo. Sin embargo, de Maracaná lo que más se recuerda hoy, ¿qué es? La fuerza, la viveza, el coraje.

En lugar de decir que ganamos porque tuvimos la mejor técnica, la mejor capacidad, la mayor inteligencia, la mayor preparación... No... Lo que se resalta es el coraje, la improvisación y la cosa medio patotera.
Antonio Mercader; citado por Virginia Arlington

* singularidad
(…) nosotros como uruguayos/ tenemos una manera peculiar de mirar.
Roberto Appratto; citado por Elvio E. Gandolfo

* síntoma
Siempre es un mal síntoma cuando un gobernante intenta basar su poder en un olvido colectivo. Hay que prohibirse mirar hacia atrás, decretan; hay que mirar siempre hacia adelante, no hay que tener (como dijo algún presidente) "ojos en la nuca". El significado superficial es que no cultivemos el rencor ni la venganza. No está mal. Pero el significado recóndito es que renunciemos a ser justos: que el sentido de la justicia desaparezca junto con los desaparecidos. No obstante, ningún pueblo ha de lograr una verdadera paz si tiene un siniestro pasado pendiente.
(…) Rafael Courtoisie, escribió hace algún tiempo este poema de sólo dos líneas: "Un día, todos los elefantes se reunirán para olvidar. / Todos menos uno". (...) Siempre habrá un elefante que no puede soportar la presión de su conciencia y resuelve decir la verdad. (...) Hasta hoy el olvido estuvo lleno de memoria y esa memoria siempre ha pugnado por salir a la superficie, para mostrarle al mundo que el olvido es inútil,

hipócrita y perverso. Tan importante es la memoria que, parafraseando a Courtoisie, mientras quede un solo elefante que recuerde, ese recuerdo puede llegar a cambiar la historia de un país.
Mario Benedetti

* solidario
Fuera la causa que fuera, Tola [Invernizzi] se ubicaba del lado de los que perdían —"votaba con los indios" recordaría un amigo—, porque la desprotección, en cualquiera de sus manifestaciones, lo ponía, invariablemente, en acción.
Carlos María Domínguez

* soluciones
En una reunión, en un club o en un bar, un hombre tiene la palabra y está explicando lo que él haría en tal o cual ocasión. "Si yo fuera Gobierno", "Si me dejaran la Policía sólo 24 horas", "Yo, en lugar de Eisenhower". Y cuando, atraídos por la magnitud del tema, nos damos vuelta para mirar a quien habla, un compañero a su lado, y sin ser visto por él, nos guiña un ojo.
Es la hora, sí, que en las tertulias de Montevideo se discuten los grandes problemas mundiales y nacionales. Incitados por los grandes titulares de los diarios —aún está fresca su tinta—, las gentes opinan, aconsejan, proponen.
Isidro Más de Ayala

* sonrisa
La sonrisa no es un adorno externo como las corbatas

o las escarapelas. La sonrisa es el reflejo de un estado interno de alegría, felicidad o regocijo. (…)

Hay que sonreír. Pero sonreír francamente, no como mi tía que cada vez que sonreía imitaba a la Gioconda y su marido le preguntaba: ¿Te sentís mal del estómago? En el peor de los casos, haga un esfuerzo y disimule. Aprenda de los políticos que sonríen siempre y nadie sabe por qué.

Roberto Barry

* sopesar

Es posible que se pueda creer en la emancipación económica del hombre moderno. Que se pueda hasta evitar que el hombre viva explotado por el hombre, cruel y directamente, como sucede en la beocia capitalista. Pero conviene constatar a qué precio se hace la liberación del oprimido y explotado por su congénere, pues podría ocurrir que haya una suplantación de explotación y esclavitud, y el hijo de Adán sea objeto de servidumbre indirecta, por parte del sindicato, la corporación o el monstruoso Estado.

Emilio Oribe, 1945; citado por Carlos Real de Azúa

* sorpresa

Veníamos [en 1921] a hacernos la América, pero al llegar vimos que la América ya estaba hecha.

Constantino Arza, *el Galleguito*; entrevista de Hugo Alfaro

* sospecha

Los frascos de salsa ketchup vienen con un tapón

especial; luego de enroscarlo como cualquier tapón normal, es preciso hacer un pequeño esfuerzo para conseguir un giro más profundo que lo afirme. Esto es importante, porque el frasco debe sacudirse enérgicamente antes de utilizar la salsa, o de lo contrario sólo saldría un líquido chirle en lugar de la salsa consistente. Pues bien, después de usar la salsa ketchup, ella se limita a colocar el tapón sobre el frasco, sin darle ni siquiera el primer giro normal como a cualquier tapón de rosca. Me pregunto si entre nosotros sería posible la convivencia.
Mario Levrero; citado por Homero Alsina Thevenet

* sucedáneo
No se pudo hacer la revolución, renunciamos al hombre nuevo como un sueño insensato que tantas cosas ponía en peligro. Y terminamos fabricando un nuevo uruguayo. Nuestro nuevo Prometeo es la forma grosera de una clase media colonizada por un virus mutágeno que la ha convertido en masa consumidora insaciable, y, específicamente, es aquella variante que sabe surfear con cierta destreza y desenfado en tiempos fáciles.
Sandino Núñez, 2012

* sucinto
(…) la vida es como el viento (…)
Ruben Lena

* sugerencia
Basta de soñar con Europa o Estados Unidos. Que Uruguay sea el centro del mundo, para los uruguayos,

de una buena vez. Que los europeos y los estadounidenses hagan su obra; la leeremos sin la inexplicable
condescendencia con que ellos ojean la nuestra, pero
no con más interés que a la nuestra. No se lo merecen,
para empezar. Hay una nueva generación de escritores
"locales" (hace poco leí *Adiós, Diomedes* de Leandro
Delgado y me quité el sombrero), una generación como
nunca tuvimos en este país, que puede competir con
cualquier mamotreto venido de las "grandes
metrópolis". Pasemos al desarrollo, al menos en las
letras, ya que de hecho la literatura latinoamericana
hace décadas que le está dando la paliza a la extranjera.
Llegó el solemne momento de instaurar un Gran
Premio Uruguayo (el Mate de Celofán, la Gallina de
Mimbre o como prefieran llamarlo) para que los
estadounidenses y los europeos vengan llorando de
agradecimiento, repito, llorando de agradecimiento, a
recibirlo. Ya se terminó la época en que nuestros
autores iban llorando de agradecimiento, repito,
llorando de agradecimiento, a Extranjia a recibir sus
espejitos (y su dinero sucio); y lo peor: todos se sentían
tan orgullosos de la humillación que se difundía en una
docena de reportajes con una gran sonrisa de tapa. Que
sea, a partir de marzo, al revés: que nuestro Mate de
Celofán (o Vaca de Hormigón) sea recibido de rodillas
y colocado en el primer lugar de los currículos, muy
por encima del Booker, el Goncourt, el National
Award, el Cervantes o el Nobel. ¡Cómo se extrañan
Rodríguez Monegal y Ángel Rama o, para ser claros,
los grandes críticos que difundieron la literatura
uruguaya y latinoamericana por el mundo! La mayoría

de sus descendientes casi no se atreven a nada por temor de ir a contramano y ser la irrisión de sus siete amigos y colegas. Como mucho, esperan una señal de Alfaguara para aplaudir un libro nacional con la lacayuna esperanza de que algún día el Primer Mundo permita la entrada del libro en cuestión, y sus exégetas, por la puerta de servicio.
Alfredo Rodríguez; citado por Felipe Polleri

* sugestión
Los uruguayos tenemos una tentación al excepcionalismo: "como Uruguay no hay".
Jorge Lanzaro

* susceptibles
Nada hay más uruguayo que la manera de referirnos al clima. "Tiempo loco", decimos, como si la naturaleza fuera una entidad caprichosa que la tiene tomada con nosotros con la finalidad de arruinarnos el fin de semana.
Carlos Rehermann

* suspicaz
"Te juro que está todo bien con el amor eterno, pero..." (conversación entre cuatro veinteañeras en la mesa de al lado).
Gonzalo Frasca

* sustitución
Yo me encuentro medio pesimista. Veo gente haciendo mucho esfuerzo, pero está trabada por el corpora-

tivismo. Yo dije una vez, un poco en broma, que Marx nunca pensó que iba a existir un país donde la lucha de clases sería sustituida por la lucha de las corporaciones. Benjamín Nahum; citado por László Erdélyi

* tabulador

El problema no es que los legisladores ganemos mucho, sino que la gente gana muy poco.

José Korzeniak; citado por Álvaro Amoretti

* táctica

(…) pudo variarse el trámite si desde el primer minuto encarábamos el partido con espíritu de segundo tiempo.

Víctor Hugo Morales, análisis de un partido de fútbol entre Uruguay y Argentina

* tajante

(…) una "izquierda" que prometa y no exija, en nada se diferencia de los demagogos irresponsables que pululan por estas tierras. Les hace el juego a éstos y es una víctima o un instrumento de los mismos que, por cierto, cuentan con más recursos y también mayores habilidad y experiencia.

A la pena y al sacrificio no escaparemos. Pero la "izquierda" debe ser el sacrificio de todos para beneficios de todos, mientras la "derecha" es el sacrificio de los más para el provecho de los menos.

Carlos Quijano, 1962; citado por Carlos Real de Azúa

* tamaño

Nuestro país –cuya pequeña superficie cabe hasta en los mapas de escuela- (…)

Carlos Maggi

* tarea

Mirado desde lejos, el Uruguay parece un pueblo de jóvenes que juegan a la democracia y a la libertad política. (...)
El gobierno es un arte y cada artista lo puede hacer a su manera. Pero la administración es una técnica. En ella sólo se debe proceder con arreglo a sus propias le-yes. La técnica de la administración sólo puede confiarse a los más capaces en razón de su propia versación y experiencia. Nosotros, incomprensiblemente, hemos he-cho a los partidos políticos instrumentos de administración. Nos costará mucho reparar este error. Acaso sólo pueda ser enmendado cuando las futuras generaciones, en el siglo XXI, hayan sufrido tanto, que consideren a este mal como el peor legado que han recibido del siglo XX.
Eduardo J. Couture, 1953; citado por Juan Carlos Pedemonte

* temibles

Si hay un tipo de hombres temibles en la vida son los que han conseguido al mismo tiempo amaestrar su conciencia y no tener más juez que su conciencia.
Carlos Vaz Ferreira

* tendencioso

Lo real es forzosamente tendencioso.
Luis "Perico" Pérez Aguirre

* terapia

(...) si Uruguay fuera una persona, la enviaría inmediatamente a terapia. Porque parece ser una inteligente y talentosa chica anoréxica, obsesionada con

su identidad y con serios problemas de autoestima, que consigue ahuyentar a todo el que se le acerque.
Leila Macor

* ternura
Madrecita. Denominación que adquiere una madre cuando se mete adentro de un tango.
Peloduro

* tiempos
(...) vivimos en la sociedad de la inmediatez, de lo instantáneo, en una decodificación mediática de los significados y mensajes completamente distinta, en la que el político que no es capaz de transmitir una idea en 15 segundos no sirve. Y eso pasa porque la sociedad cambió, y el político debe entender que la comunicación política también debe cambiar.
Gerardo Caetano; citado por Álvaro Amoretti

* típico
(...) el viento. Montevideo es la ciudad donde se dan cita los aires del mundo.
Carlos Liscano; citado por Ana Ribeiro

* todo
Sos la punta del ovillo y el final de la madeja. No hay más.
Franklin Rodríguez

* topografía
La llanura es llanura cerca de la laguna. Perfecta la circunferencia del horizonte. En el invierno el agua está

en la raíz del pasto. Donde no hay pasto hay barro. Es
la patria de la bota de goma.
Ruben Lena

* transformaciones
Parece que ya no somos lo que creíamos ser. Seguramente había mucho mito traficado en el espejo
autocomplaciente que nos devolvía una imagen de ser
solidario, medianamente culto, modesto, de bajo perfil,
integrador, creativo ante la adversidad, cultivador de una
vida sencilla sin estridencias ni ostentaciones, sobrio y
austero. Un espejo de dos caras quizás, que nos mostraba
a la vez padeciendo complejos de país petiso, de tangos
grises, levemente deprimidos, poco esforzados y un poco
amargos.
Parece que eso cambió y en general los uruguayos ya no
quieren pagar tributo a la falta de modestia ni a la
mesocracia y se animan a apostar a que se puede
construir un futuro más esplendoroso aun que el de las
viejas vacas gordas del pasado. Se sienten confiados y eso,
según opinan diversos analistas, se debe básicamente a
dos razones: la bonanza económica y los resultados del
fútbol, signo preponderante de la identidad nacional.
Claro que no se puede cortar grueso en este asunto.
Cuando se habla de nuevo uruguayo o de nuevos
comportamientos vinculados sobre todo al consumo o
nuevas formas de relacionamiento social, no todos los
ciudadanos quedan comprendidos, algunos porque aún
no pudieron "subirse" al sistema, otros porque no les
interesa y otros porque no cambiaron nada, ya eran así.
Daniel Erosa, 2012

* transporte

El ómnibus constituye una calamidad imprescindible.
(...) El guarda cree que el oficio de él consiste en tirar
de la piolita, despachar boletos y anotar el horario -cosa
que se aprende en quince días- pero no es así. Ese
oficio requiere, además, tolerancia, buenos tratos y, por
qué no, galantería.
(...) [los pasajeros] se sacuden tanto que si antes de
subir comieron huevos fritos, al bajar tienen mayonesa.
Roberto Barry

* tratamiento

(...) fue una lástima que no hubiera seguido los
consejos del curandero maragato Camargo, quien me
decía: "Ud. tome caña nada más, no bebidas
extranjeras; haga siesta lo que quiera, pero lo que sí, de
noche, dos o tres veces por semana, mire un rato las
estrellas".
Paco Espínola

* tributario

Si "Egipto es un don del Nilo", ¿qué es Treinta y Tres
del Olimar? Hijo, habría que contestar; pero con una
condición: que "hijo" signifique "todo".
Julio C. da Rosa

* truco

El truco es el juego más propicio al desahogo verbal.
Gritar es la ley. Mas así como es el juego más divertido
y más lindo para jugadores y mirones, es el juego más
peligroso para la sangre caliente; peligroso por lo

resbaladizo, por lo propenso a la pechada, precisamente por lo de los gritos.
Julio C. da Rosa

* ubicación
Si bien es cierto que somos un país esquina (Río de la
Plata y Atlántico), si bien la nuestra es una buena
posición, lo que se llama un lote bien situado y de
porvenir, lo cierto es que estamos lejos del centro, en
esta especie de continente residencial. No tenemos
grandes comercios ni mucho tránsito por la puerta (…)
Carlos Maggi

* unidad
La unidad de idioma y de raza, la naturaleza uniforme
que le sirve de escenario, la comunidad de ideales y
análogas costumbres, han hecho agrupar a este país
pequeño en superficie y población (…) En el Uruguay
todo acontecimiento es nacional, a tal punto la
totalidad –como un organismo vivo- es una unidad.
Nada de interés ocurre en un punto de su territorio que
no apasione al país entero.
Isidro Más de Ayala

* urbanos
Se desprecia todo cuanto huele o se parece a tierra (…)
No somos habitantes de la tierra, sino de otro planeta
de cemento que hemos levantado sobre ella y que se ha
convertido en el medio geográfico más habitual del
hombre (…) Nos estamos olvidando de lo que somos,
a fuerza de tanto preocuparnos por lo que queremos
ser.
Julio C. da Rosa

* Uruguay
(...) país esquina con vista al mar.
Mario Benedetti

* vacío
El papel del crítico, del intelectual siempre aventurándose con un pie en territorio desconocido, orientando el debate, se deja al repetidor. Buscar la confrontación, a conciencia, conocimientos y herramientas en mano, es lo peor que puede ocurrirnos. Lo dice el repetidor que, como su nombre indica, afirma sólo lo conocido, y probado, y descartado hace siglos.
Confrontación es mala palabra. ¿De dónde van a surgir las ideas y las soluciones si no de la confrontación? De la espera. Mientras tanto, triunfa la repetición, y el repetidor.
Pensar ya no es oponer, confrontar, argumentar en contra, discrepar, contradecir. Pensar es estar de acuerdo con el repetidor. Lo dice él mismo. Hemos llegado a la etapa de la no-confrontación, nivel superior del no-pensamiento. En la repetición está el futuro.
Carlos Liscano

* valientes
(…) pero en 1930 se estaba lejos aún de percibir la magnitud de la crisis que se avecinaba. El país vivía de espaldas al precipicio, y solo algunos audaces se habían animado a pararse en su borde para mirar el paisaje.
Gerardo Caetano y Raúl Jacob; citado por Ana Ribeiro

* valoraciones
Para todo militante es cuestión de principios no perder nunca de vista el objetivo final, tanto en sus decisiones

políticas comunes como en la lucha, bajo cualquier forma y cualesquiera sean las condiciones. Considerar la lucha por mejoras cotidianas, por objetivos inmediatos, sacrificar el porvenir de la idealidad por la ventaja del presente, no conduce a nada, es una pérdida de perspectiva. O bien es la expresión del peor de los oportunismos o, si se procede de buena fe, es la consecuencia de un apresuramiento infeliz. (...)
Zelmar Michelini; citado por Marcelo Pereira

* variable
Nuestra ciudad tiene más climas que ninguna otra; mejor; tiene todos los climas y algunos más, porque así como multiplica el frío por el viento y el calor por la piedra, divide el invierno por el río, modifica el verano por la virazón, desbarata a ratos la primavera con corrientes de aire.
Vivir en Montevideo es como viajar en aeroplano: de mañana, despertar en Nueva Zelandia; a mediodía, costa de México; durante la noche, breve visita al centro del Sahara; amanecer en Constantinopla, Fray Bentos o Nairobi; almuerzo en el polo chileno. (...)
La imaginación de nuestro clima es infinita; amén de los vientos por la espalda, de las emboscadas de granizo o niebla, sumadas al plafond bajo, al cielo descubierto, a las heladas con trampa, a la humedad o al sol radiante al dar vuelta una esquina, agregada a este catálogo de sobresaltos, está la costa con sus ocurrencias incalculables.
(...) por eso experimentamos más descarnadamente que ningún otro pueblo las ondulaciones del amor, del

hielo, de la belleza, la furia o la inspiración. Sin cielo firme, el montevideano padece la intemperie más desnuda, sometido directamente a Dios o al azar, las dos únicas fuerzas incorregibles, por definición.

En fin, tenemos un clima del diablo.

(...) Es por eso que los habitantes de esta capital debemos inventarnos una nueva manera de ser o sucumbiremos, siendo pasto de la meteorología. (...) Montevideo tiene atomizados sus estados de ánimo, no es un personaje, su alma no es la misma en todos los momentos. (...)

En primer lugar por tanto, debemos desterrar de todo cálculo o exigencia las formas rígidas de la voluntad: constancia, tenacidad empecinamiento, rencor. Debemos construir una nueva escala de valores donde la memoria y la consecuencia sean los peores defectos. Después de sustituir la fortaleza del escudo por una imprevisible veleta, debemos proclamar las tres virtudes supremas, a saber: la impaciencia, el desorden y la improvisación genial, es decir el dribling. El cálculo, la previsión y las precauciones, habrán de considerarse curanderismo; el ahorro, tara completa; las promesas, la buena educación y las caminatas, los bailes al aire libre, las excursiones al campo y otras formas de enfrentarse al tiempo destapado serán románticas locuras del amor audaz.

Cuando seamos capaces de pararnos en medio de lo imprevisible; cuando podamos estar a lo que sea sin sorpresa ni dolor; cuando todos tengamos espíritu de centro half; entonces, sólo entonces, seremos una raza nueva, una verdadera nacionalidad y veremos florecer,

incontenibles, los inventos, el arte, la quiniela y demás comodidades que nuestro tiempo brinda a quienes se le brindan. Conozco un solo oriental de esta nueva raza: Manuel Flores Mora.
Carlos Maggi

* vaticinio
Será Punta del Este dentro de un tiempo, y bien próximo, la ciudad fortificada de grandes hoteles. Como castillos medioevales en cada extremo de la península, para satisfacer las diversas sensibilidades, se elevarán con múltiples torres cúbicas abiertas a las elegantes y anuales golondrinas transitorias y a las permanentes y leales palomas caseras que aquí llegan para no abandonarnos jamás.
R. Francisco Mazzoni, 1944

* vecinos
He presenciado las conductas más ciclotímicas en lo que se refiere a la forma como los uruguayos se relacionan con los argentinos. (…) Hay antipatía y hay veneración; y a veces es la misma persona la que profesa ambas cosas. (…) Aunque los orientales suelen hacer la salvedad de que su rechazo se dirige sólo a los porteños. Debe de ser porque suponen que hacer esta excepción los defiende de cualquier acusación de xenofobia. (...)
Cuando uno comenta que visitará Buenos Aires, el uruguayo manifiesta su admiración por esta ciudad y, simultáneamente, su desprecio por ella. "Qué lindo, lástima que hay tantos porteños". Cuando Argentina

juega, los uruguayos hinchan, invariablemente, por el otro equipo. Los acusan de soberbios, irrespetuosos, irresponsables, engreídos o, directamente, de malas personas. Es una xenofobia corriente y franca, que por alguna extraordinaria razón no se considera políticamente incorrecta. Ser xenófobo contra cualquier otro pueblo está mal visto. Ser racista o antisemita es, por convención, algo indeseable. Pero ser antiporteño pareciera ser lo justo. Es parte del deber-ser de la orientalidad.

Lo gracioso es que a los argentinos todo este rechazo les importa un carajo. No son una minoría ni están marginados, así que la pasan bomba adorando a los uruguayos. Vienen a Punta del Este y ni se enteran de que no los quieren. Tienen que vivir aquí para darse cuenta: mi amigo Gustavo, bonaerense con casi cuatro años en Montevideo, dice que era constantemente objeto de insultos y bocinazos en la calle, hasta que cambió su chapa porteña por una montevideana. Desde entonces el tráfico local es una delicia para él, que define la relación entre ambos países como la historia de amor peor correspondido que se haya visto. En fin, no conozco un pueblo más inmune a los ataques y las burlas: el argentino responde a ellas con la magnanimidad de un hermano mayor que ve en los insultos del pequeño la mera manifestación de un ataque de celos. (...)

Y entretanto los uruguayos en el exterior ni siquiera consiguen distinguirse de una forma convincente de sus vecinos. En Miami viví al lado del restaurante La Vaca. Era de un uruguayo, pero ponía en el cartel:

"parrillada argentina". Claro. Para qué confundir a los pobres gringos, que ya tienen bastantes dificultades geográficas, calificando el local como uruguayo. El dueño tenía bien claro que, desde afuera, uruguayos y argentinos son la misma cosa.
Leila Macor

* vía
Esófago. Avenida Agraciada del cuerpo humano, sin bocacalles, que parte de la campanilla y desemboca en el Palacio Legislativo del estómago. Tránsito preferencial de los alimentos.
Peloduro

* vigente
El "carchador" era el sujeto que, aprovechando las sombras de la noche, se deslizaba furtivamente en el campo de batalla -en la que muchas veces no había intervenido- para despojar a los heridos, a los agonizantes y a los muertos.
El "carchador" sigue siendo una figura vigente en el campo de batalla de la acción política; es el gran aprovechador de los "status" que esa batalla crea, y descarga el golpe sobre los que quedaron exhaustos en la lucha.
Luis Pedro Bonavita, 1958; citado por Carlos Real de Azúa

* visión
Tenemos que mirar a nuestro país, pequeño, flaco de recursos, orgulloso y bastante irresponsable, pero con

algunas ventajas de ubicación y de situación, de
material humano con inteligencia natural, nobles
aptitudes y maleabilidad, no como un islote imposi-
blemente beatífico en la turbonada de un tercer mundo
descompuesto y famélico, sino como una partícula
integrada a una tarea común en donde tiene un papel
que desempeñar, un cometido que cumplir.
Oscar H. Bruschera, 1967

* visionario
Un Uruguay muere, pero otro está naciendo.
Hugo Alfaro, abril 1972

* vivos
Todos nos creemos "vivos" pero siempre encontramos
a otro que más "vivo" que uno. Ese mismo individuo
que nos estafó especulando con nuestra viveza, caerá
inexorablemente en las argucias de otro más "vivo" que
él. Es una cadena. En todo momento que se nos
presenta la oportunidad procuramos poner en práctica
nuestra picardía criolla. (…)
¿Verdad que la "avivada" que uno logra nos produce
un extraño e inconfesable deleite? Robar un cenicero,
una cucharita, un pocillo. Meternos delante de la cola
de la nafta, pasar por encima de todos los que están
haciendo "amansadora" en el despacho del político,
quedarnos con la lapicera que nos prestaron para
firmar, llevarnos un tarrito de Pathé sin que nos vean
en el supermercado.
Roberto Barry

* zurcido
En Uruguay todo siempre se arregla conversando y nunca se arregla del todo.
Carlos Maggi

BIBLIOGRAFÍA

- Aguirre, Gonzalo. *La otra cara del parlamento.* Montevideo, Fin de Siglo, 2009.
- Alfaro, Hugo. *Crónicas. En busca del tiempo perdido.* Montevideo, Banda Oriental, 2000.
-------- *Las cosas del querer y otras crónicas.* Montevideo, Ediciones de la Banda Oriental, 2000.
-------- *Navegar es necesario. Quijano y el Semanario "Marcha".* Montevideo, Banda Oriental, 1984.
--------- *Por la vereda del sol.* Montevideo, Ediciones de Brecha, 1994.
-------- *Pruebas de imprenta.* Montevideo, Arca, 1990.
-------- *Reportajes a la realidad. "Marcha" (1971-1974).* Montevideo, Ediciones de la Banda Oriental, 1985.
-------- *Ver para querer.* Montevideo, Biblioteca de Marcha, 1970.
- Alfaro, Hugo et al. *Escrito en el césped.* Montevideo, Ediciones de la Banda Oriental, 1998.
- Alles, Juan Carlos. *Artículos y comentarios periodísticos.* Montevideo, Compañía Impresora S. A., 1952.
- Alsina Thevenet, Homero. *Postdatas al mundo.* Montevideo, Arca, 1990.
- Amoretti, Álvaro. *Del dicho al hecho. Frases memorables, olvidables y absurdas del discurso político uruguayo (1984-2004).* Montevideo, Linardi y Risso, 2004.
- Arlington, Virginia. *Que nunca falte. El programa de Mauricio Rosencof.* Montevideo, Aguilar – Tevé Ciudad, 2005.

- Arregui, Mario. *Líber Falco.* Montevideo, Arca, 1964.
---------- *Ramos generales.* Montevideo, Arca, 1985.
- Barrán, José Pedro. *Epílogo y legados. Escritos inéditos. Testimonios.* Montevideo, Ediciones de la Banda Oriental, 2010.
--------- *Intimidad, divorcio y nueva moral en el Uruguay del Novecientos.* Montevideo, Banda Oriental, 2008.
- Barrett, Rafael. *Diálogos, conversaciones y otros escritos.* Montevideo, Editor Claudio García, 1918.
- Benedetti, Mario. *El país de la cola de paja.* Montevideo, Arca, 5ª. Ed., 1966. (La 1ª. Ed. es de 1960)
- Blixen, Samuel. *Cobre viejo. 18886-1890.* Montevideo, Vázquez Cores, Dornaleche y Reyes, 1890.
- Bonavita, Luis Pedro. *Crónicas del pago chico.* Montevideo, Puntal, 1966.
--------- *Las barras del día.* Montevideo, Arca, 1969.
- Burel, Jorge. *Iván Kmaid. El gran turco.* Montevideo, Fin de Siglo, 2010.
- Butazzoni, Fernando. *Seregni-Rosencof. Mano a mano.* Montevideo, Aguilar, 2002.
- Caillabet, Carlos. *Un pañuelo rojo en la memoria.* Montevideo, Nordan Comunidad, 1996
- Campodónico, Miguel Ángel. *Las vidas de Rosencof.* Montevideo, Fin de Siglo, 5ª. Ed., 2001.
-------- *Mujica.* Montevideo, Fin de siglo, 1999.
- Carrasco, Sansón (Daniel Muñoz). *Colección de artículos.* Montevideo, Editorial de la Librería Nacional, 1884
-------- *Personajes montevideanos.* Montevideo, Ediciones de la Banda Oriental, 2000.
- Castillo, Ruben. *Silencio: estamos en el aire.* Montevideo, Acali, 1979.

- Castro, Julio César (Juceca). *Nadie entiende nada.* Montevideo, Planeta, 2003.
- Chavarría, Daniel. *Y el mundo sigue andando. Memorias.* La Habana, Letras Cubanas, 2008.
- Courtoisie, Rafael. *Sabores del país.* Montevideo, Planeta, 2006.
-------- *Vida y milagros.* Montevideo, Aguilar, 2006.
- da Rosa, Julio C. *Civilización y terrofobia. Apuntes de campo y ciudad.* Montevideo, Editorial Diálogo, 1968.
-------- *Hijos de la noche.* Montevideo, Arca, 1994.
-------- *Lejano Pago.* Montevideo, Disa, 1970.
-------- *Rancho amargo.* Buenos Aires, Solaris, 1997.
-------- *Tiempo de Negros.* Montevideo, Ediciones de la Banda Oriental, 1999.
- di Candia, César. *Memoria. El camino de la violencia uruguaya (1940-1973). Volumen I. Los primeros síntomas de irritación.* Montevideo, El País, 2006.
--------- *Oficio de periodista.* Montevideo, Fin de Siglo, 2012.
-------- *Resbalones y caídas. Un siglo de política uruguaya.* Montevideo, Fin de Siglo, 2009.
-------- *Tropezones y porrazos. Un siglo de política uruguaya II.* Montevideo, Fin de Siglo, 2010.
- Domínguez, Carlos María. *Tola Invernizzi. La rebelión de la ternura.* Montevideo, Trilce, 2001.
--------- *Viaje al Río de la Plata. Navegantes, contrabandistas y fugitivos.* Montevideo, Planeta, 2024.
- Domínguez Riera, Ignacio. *Calibre 38 largo. Crónicas de las viejas comisarías.* Montevideo, Arca, 1988.
-------- *No apto para menores de 50.* Montevideo, Arca, 1987.

- Durán, Marciano. *La cuestión es darse cuenta y otras incoherencias.* Montevideo, Flor Negra Ediciones, 3ª. Ed., s/f.
- Espínola, Enriqueta. *Mi padre.* Montevideo, Editorial Ejido, 1968.
- Espínola, Francisco. *¡Qué lástima! y otros cuentos.* Montevideo, Banda Oriental, 2012.
- Falco, Líber. *Poesías.* Montevideo, Banda Oriental, 2012.
- Ferreiro, Alfredo Mario. *El hombre que se comió un autobús. (Poemas con olor a nafta).* Montevideo, Banda Oriental, 1998.
- Fischer, Diego. *A mí me aplauden. Las historias que China no contó.* Montevideo, Sudamericana, 2012.
- Font, Christian. *El proyeccionista del cine Unión.* Montevideo, Estuario, 2011.
- Galeano, Eduardo. *Bocas del tiempo.* Montevideo, Ediciones del Chanchito, 2004.
-------- *Espejos. Una historia casi universal.* Montevideo, Ediciones del Chanchito, 2008.
- Gil, Daniel. *Paco Espínola. La violencia y la piedad. Una contribución al estudio de las mentalidades.* Montevideo, Ediciones de la Banda Oriental, 2015.
- Gilio, María Ester. *Protagonistas y sobrevivientes.* Montevideo, Arca, 1968.
- Gorbán, Marcos. *Anecdotario. Somos lo que contamos.* Montevideo, Fin de Siglo, 2012.
- Guarnieri, Juan Carlos. *Sabiduría y folklore en el lenguaje campesino rioplatense.* Montevideo, Editorial Lidela, 1971.
- Gutiérrez, Carlos María. *El agujero en la pared.*

Montevideo, Arca, 2008.

- Jiménez de Aréchaga, Justino. *Para meditar.* Montevideo, Impresora Uruguaya, 1933.

- Lafferranderie, Gustavo. *La Fronda. Informe sobre Maldonado y los fernandinos del Novecientos.* Maldonado, Maldonado ProCultura, 2015.

- Lena, Ruben. *Vagabundeos y canciones de Zenobio Rosas.* Montevideo, Ediciones de la Banda Oriental, 1982.

- Lerena Acevedo de Blixen, Josefina. *Novecientos.* Montevideo, 1967.

- Levrero, Mario. *La novela luminosa.* Montevideo, Alfaguara, 2005.

- Liscano, Carlos. *Oficio de ventriloquia 2. Relatos 1981 – 2011.* Montevideo, Planeta, 2011.

- López, Braulio. *Entre andanzas y recuerdos.* Montevideo, Planeta, 2011.

- López Reilly, Andrés. *Páginas perdidas de la historia uruguaya.* Montevideo, Ediciones de la Plaza, 2008.

- Lucero, Diego. *Crónicas del viejo Montevideo.* Selección de Atilio Garrido. Montevideo, Suat, 2008.

- Macor, Leila. *Lamentablemente estamos bien.* Montevideo, De Bolsillo, 2008.

- Maggi, Carlos. *Gardel, Onetti y algo más.* Montevideo, Alfa, 2ª ed., 1967.

- Más de Ayala, Isidro. *Montevideo y su cerro.* Buenos Aires, Santiago Rueda Editor, 1956.

--------- *Y por el sur el Río de la Plata.* Montevideo, Arca, 1969.

- Maslíah, Leo. *Diccionario privado.* Montevideo, criaturaeditora, 2013.

- Mazzeo, Mario. *A campo traviesa. Los caminos de Mario*

Costa. Montevideo, Trilce, 2011.

\-\-\-\-\-\-\-\-\- *Charlando con Pepe Mujica. Con los pies en la tierra....* Montevideo, Trilce, 2002.

- Mazzoni, R. Francisco. *Senda y retorno de Maldonado.* Montevideo, 1947.
- Morales, Víctor Hugo. *El intruso.* Montevideo, Ediciones de la Plaza, 1979.
- Muñoz, Daniel (Sansón Carrasco). *Artículos.* Montevideo, Biblioteca de la "Sociedad de Hombres de Letras del Uruguay", 1945.
- Neuman, Andrés. *Cómo viajar sin ver.* Montevideo, Alfaguara, 2010.
- Obaldía, José María. *El habla del pago.* Montevideo, Banda Oriental, 1988.
- Olivera, Rubén. *Entre Fútbol. Códigos y esencias perdidos, de un tiempo no muy lejano.* Montevideo, Arca, 2008.
- Patrón, Juan Carlos. *Goes y el viejo café Vaccaro.* Montevideo, Alfa, 1968.
- Pedemonte, Juan Carlos. *Diálogos con interlocutores importantes.* Montevideo, Barreiro & Ramos, 1978.

\-\-\-\-\-\-\-\-\- *Unas crónicas históricas.* Montevideo, s/e, 1988.

- Pereda Valdés, Ildefonso. *Proverbios y refranes (de Salomón al Viejo Vizcacha).* Montevideo, Universidad de la República, 1998.
- Pierri, Ettore. *Una mujer llamada Rosa Luna.* Montevideo, La República, 1994.
- Pignataro, Jorge. *El teatro independiente uruguayo.* Montevideo, Arca, 1968.
- Prats, Luis. *Ayer te vi. Crónica de la televisión uruguaya.* Montevideo, Banda Oriental, 2009.
- Prego Gadea, Omar. *En este país (mongos y bembolios).*

Montevideo, Alfa, 1968.

- Puppo, Julio César (*El Hachero*). *Crónicas de El Hachero*. Montevideo, Banda Oriental, 1982.

--------- *El perro que fuma y otras crónicas*. Selección y prólogo de Alicia Torres. Montevideo, Ediciones de la Banda Oriental, 1999.

--------- *Ese mundo del Bajo*. Montevideo, Arca, 1967.

- Ravera, Juan Jorge. *Desde la esquina*. Montevideo, s/e, 1999.

- Real de Azúa, Carlos. *Antología del ensayo uruguayo contemporáneo*. Tomo I. Montevideo, Universidad de la República, 1964.

-------- *Antología del ensayo uruguayo contemporáneo*. Tomo II. Montevideo, Universidad de la República, 1964.

- Ribeiro, Ana. *Historias sin importancia*. México, Planeta, 2007.

--------- *Montevideo, la Malbienquerida*. Montevideo, Planeta, 2007.

- Rodríguez, Franklin. *Con mis pies en tu amargura*. Montevideo, edición de autor, s/f

- Rodríguez Monegal, Emir. *Las formas de la memoria. I Los Magos*. México, Vuelta, 1989.

- Romero Magliocca, Julio César. *Un Cacho de Dios. Huellas de un camino compartido...* Montevideo, edición de autor, 2012.

- Rosencof, Mauricio. *Cajón de sastre*. Montevideo, La República, 2005.

- Rosencof, Mauricio – Eleuterio Fernández Huidobro. *Memorias del calabozo*. Montevideo, Banda Oriental, 2005.

- Rossi, Rómulo. *Crónicas sabrosas del viejo Montevideo*.

Montevideo, Ediciones del Atlántico, 1980.

- Rosso, Carlos F. *Oleos y acuarelas del conventillo.* Montevideo, s/e, 1978.

- Ruffinelli, Jorge. *Palabras en orden.* México, Universidad Veracruzana, 1985.

- Rusiñol, Santiago. *De Barcelona al Plata. Un viaje a la Argentina de 1910* (traducción e introducción de Xavier Moret). Barcelona, Ediciones B, 1999.

- Scheck, Daniel. *Jugando con las palabras. Diccionario de verano con aire acondicionado.* Montevideo, edición de autor, 2000.

- Sisa López, Emilio. *Juan Pedro López. Un payador de leyenda. Vida y éxitos.* Montevideo, Editorial Cumbre, 1968.

-------- *Tiempo de ayer que fue...* Montevideo, Vanguardia, 1978.

- Soliño, Víctor. *Crónicas de los Años Locos.* Montevideo, Banda Oriental, 1983.

--------- *Mis tangos y los atenienses.* Montevideo, Editorial Alfa, 1967.

- Sottolani, Vicente Dumas. *Con la radio no se juega.* Montevideo, Fin de Siglo, 1993.

- Speranza, Rolando. *El lunes me habló Candeau.* Montevideo, Intendencia Municipal de Montevideo, 1993.

- Suárez, J. E. (Peloduro). *Diccionario del disparate.* Montevideo, Arca, 1967.

- Trochon, Yvette. *Escenas de la vida cotidiana. Uruguay 1950-1973. Sombras sobre el país modelo.* Montevideo, Ediciones de la Banda Oriental - CLAEH, 2011.

- Varela, José Pedro. *Obras pedagógicas. La educación del*

pueblo. Montevideo, Clásicos Uruguayos, 1964. [1ª edición: 1874]

- Vaz Ferreira, Carlos. *Conferencia sobre enseñanza de la filosofía*, Montevideo, 1897.

-------- *Lógica viva*. Montevideo, Cámara de Representantes, 1983. [1ª edición: 1910]

--------- *Moral para intelectuales*. Buenos Aires, Losada, 1962 [1ª edición: 1909]

--------- *Obras completas*. Montevideo, Cámara de Representantes, 1957.

- Vidart, Daniel. *El tango y su mundo*. Montevideo, Tauro, 1967.

- Wimpi (Arthur García Núñez). *Cartas de animales*. Buenos Aires, Editorial Freeland, 1968.

--------- *El fogón del viejo Varela*. Buenos Aires, Editorial Freeland, 2ª. Ed., 1976.

---------- *El gusano loco*. Buenos Aires, Editorial Freeland, 6ª. Ed., 1973.

---------- *La calle del gato que pesca*. Buenos Aires, Editorial Freeland, 1975.

--------- *La taza de tilo*. Buenos Aires, Editorial Freeland, 2ª. Ed., 1971.

--------- *Los cuentos de don Claudio Machín*. Buenos Aires, Editorial Freeland, 2ª ed., 1976.

-------- *Los cuentos del viejo Varela*. Buenos Aires, Editorial Freeland, 1978.

-------- *Vea amigo*. Buenos Aires, Editorial Freeland, 1976.

------- *Ventana a la calle*. Buenos Aires, Editorial Freeland, 3ª ed, 1975.

------- *10 charlas de Wimpi en CX 16 Radio Carve*.

Montevideo, Radio Carve-Aupo Propaganda, 1953.
- Zavalla, Ildefonso Julio. *Crónicas de El Aprendiz*. Montevideo, Barreiro y Ramos, 1949.

- Acto de humor. Selección y prólogo Jorge Sclavo. Montevideo, Arca, 1968.
- *Color del 900*. Selección y ordenación por Carlos Martínez Moreno. Montevideo, Centro Editor de América Latina, 1968.
- *Confesiones y arrepentimientos*. Selección de entrevistas de César di Candia. Tomo IV. Montevideo, El País, 2007. Publicadas originalmente en el Semanario Búsqueda.
- *Confesiones y arrepentimientos*. Selección de entrevistas de César di Candia. Tomo VI. Montevideo, El País, 2007.
- *Crónicas mundanas*. Enciclopedia Uruguaya No. 28. Montevideo, Arca, 1969.
- *Cronistas y testigos del siglo XIX*. Selección y prólogo de Pablo Rocca. Montevideo, Ediciones de la Banda Oriental, 1998.
- *Cuatro testigos del siglo XX. José Soler / José Silva / Asdrúbal Capó / Rodolfo Tálice*. Reportajes de Miguel Motta. Montevideo, Asociación Cristiana de Jóvenes – Banda Oriental, 1997.
- *El Uruguay visto por los uruguayos (I)*. Selección por Carlos Real de Azúa. Montevideo, Centro Editor de América Latina, 1968.
- *Humoristas y cronistas* (Antología). Montevideo, Centro Editor de América Latina, 1968.
- *Los humoristas. Antología de Marcha 2*. Montevideo,

Biblioteca de Marcha, 1971.
- Selección de entrevistas de César di Candia. *Confesiones y arrepentimientos. Chil Raijchman. Carlos Maggi. Jorge Da Silveira. Santiago Chalar.* Montevideo, El País, 2007.
- *Vida íntima de Roberto Barry.* Montevideo, Ciudadela, 1966.

DIARIOS, REVISTAS Y SEMANARIOS

- *Brecha*
- *Búsqueda*
- *Clarín* (Argentina)
- *El Día*
- *El Observador*
- *El País* (España)
- *El País*
- *La Diaria*
- *La Jornada* (México)
- *La Nación* (Argentina)
- *La República*
- *Noticias* (Argentina)
- *Página 12* (Argentina)

Este libro se terminó de imprimir en mayo de 2025